대한민국 글쓰기 교과서

글 김종상 | 그림 상 명

파란정원

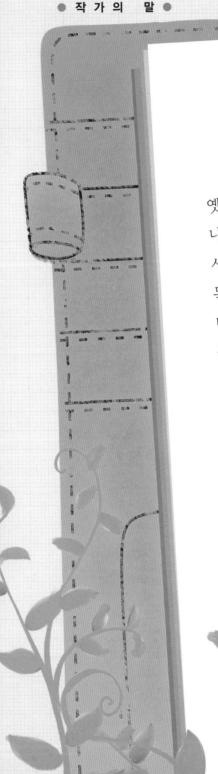

글쓰기로 학습력을 키우자!

옛날 신라에서는 책을 많이 읽고, 글을 잘 쓰는 사람을 찾아 나랏일을 맡기기 위해 독서삼품과를 실시했고, 고려와 조선 시대에는 과거를 보아 사람을 뽑고 벼슬을 주었습니다.

독서삼품과와 과거제도는 지금에 '글쓰기 시험'으로, 옛날부터 글을 잘 쓰면 아는 것이 많아, 맡겨진 일을 잘할 수 있는 능력을 갖춘 사람이라고 믿었기 때문입니다.

그래서 옛날부터 선비를 훌륭한 사람으로 받들고 존경했던 것입니다.

그러면 글을 잘 쓰려면 어떻게 해야 할까요?

중국 송나라 때 구양수라는 사람은 글쓰기에 매우 뛰어난 송나라 문학의 기초를 확립한 문인이자 정치가였습니다.

그의 제자들이 어떻게 하면 글을 잘 쓸 수 있느냐고 묻자,

"글을 잘 쓰려면 많이 읽고(多讀), 많이 생각하고(多思), 많이 쓰도록(多作) 하라."

고 했답니다.

이것이 유명한 삼다(三多)의 교훈으로 누구나 글쓰기를 잘하려면 꼭 기억해야 할 가르침입니다.

많이 읽으면, 직접 경험하지 못한 일도 책을 통해 간접 경험하게 되어 아는 것이 많아지고 교양이 풍부해집니다. 또한, **많이 생각하면** 사고력과 상상력이 향상되고, **많이 쓰면** 표현력이 좋아지게 됩니다.

따라서 글을 잘 쓰는 사람은 판단력이나 문제를 해결하는 능력이 좋아져 공부 또한 잘하게 되는데, 이 때문에 글쓰기 실력을 '학습력(공부하는 힘)' 이라고 부르는 것입니다.

이 책이 여러분의 글쓰기 공부를 재미있게 돕고, 더 나아가 학습력을 키우는 데 큰 힘이 되기를 바랍니다.

글쓰기 선생님 *김종상*

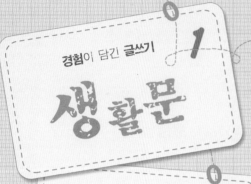

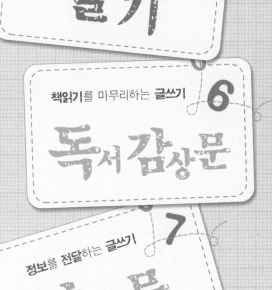

참! 잘했어요

생활문이란?

나의 생활 경험을 다른 사람에게
이야기하듯이 적은 글로,
자기가 겪은 일이 그림으로 그린듯
만화영화처럼 눈앞에서 펼쳐져야 한다.

선생님,
그럼 동화처럼 재미있게
쓰면 되나요?

딸꾹 딸꾹 딸꾹질

엄마 심부름을 갔다 오는데 자꾸 딸꾹질이 났다. 물도 먹고,

숨도 참아 봤지만, 또 나고 또 났다. 나중에는 배까지 아팠다.

예전에 침을 세 번 삼키면 딸꾹질이 멎는다던 누나 말이 생각나서

그렇게도 해봤지만 역시 멎지를 않았다.

나는 울상이 되어 집으로 돌아오다 아빠를 만났다.

그런데 아빠는 이상한 이야기로 나를 더 화나게 했다.

"막내야, 너 아까 전봇대에다 오줌 싸더라."

그렇지 않아도 딸꾹질이 멈추지 않아서 속상한데,

그 말까지 들으니 나는 더 화가 나서 큰 소리로 말했다.

"내가 언제 오줌을 싸요? 누구 본 사람이라도 있대요?"

"내가 아까 누는 걸 봤는데……."

나는 기가 막혀서 입을 꾹 다물고 집으로 뛰어갔다.

"엄마, 아빠가 나보고 전봇대에서 오줌 쌌대."

"아빠가 널 놀리느라고 그러셨겠지."

엄마는 아무렇지도 않게 말씀하셨다.

잠시 후 아빠가 집으로 들어오시자 엄마가 왜 그런 이야기를

했느냐고 물었다. 아빠는 웃으며 말씀하셨다.

"막내야, 그렇게 분하니? 네가 딸꾹질을 하기에 멎으라고 그랬는데.

봐라, 지금은 딸꾹질이 멎었잖니."

정말 어느새 딸꾹질이 멎어 있었다.

경험을 생활문으로 쓸 때는,
사건의 흐름에 맞추어 이야기를 진행하고,
동화처럼 중간에 대화문을 넣으면
더욱 재미있는 글이 된단다.

어떻게 짜여져 있을까?

생활문은 자신의 경험을 시간에 따라 나열하는 것이 아니라 **사건의 흐름과 갈등**에 따라 이야기를 구성하게 됩니다.

처음 — **발단** — 사건이 시작됩니다.

가운데 — **전개** — 사건이 진전되며 펼쳐집니다.

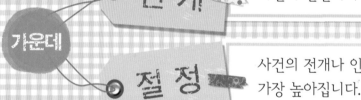

절정 — 사건의 전개나 인물 간 갈등이 가장 높아집니다.

끝맺음 — **결말** — 갈등이 서서히 풀리며 사건이 마무리됩니다.

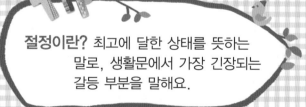

절정이란? 최고에 달한 상태를 뜻하는 말로, 생활문에서 가장 긴장되는 갈등 부분을 말해요.

어떤 사건이 일어났는지 알 수 있어요.

발단

놀이터에서 우혁이를 만나 함께 놀았다.

전개

미끄럼틀에서 잡기 놀이도 하고,

정글짐 꼭대기에 누가 먼저 올라가나 내기도 했다.

한참을 뛰어놀던 나는 미끄럼틀 끝에 누웠다.

그런데 우혁이가 미끄럼틀을 타며 자꾸 내 머리를 발로 건드렸다.

절정

나는 기분이 나빠 그만하라고 했지만,

우혁이는 계속 머리를 건드렸다.

결국, 난 너무 화가 나서 우혁이를 한 대 쳤다.

화가 많이 났군요. 사건이 최고조에 이르는 부분이에요.

결말

우혁이도 나도 깜짝 놀라 서로 멍하니 쳐다봤다.

"우혁아, 미안해! 갑자기 너무 화가 나서……."

우혁이는 나의 사과를 받아주며, 자신도 사과했다.

우혁이와 서로 사과하며 사건이 잘 마무리 되었네요.

글감은 어떻게 찾을까?

선생님, 특별한 일로
생활문을 쓰고 싶은데,
글감이 없어요.

맞아. 뭘 써야 할지
모르겠어요.

꼭 글감이 특별할 필요는 없단다.
글감이 잘 떠오르지 않을 때는
네가 썼던 일기를 읽어 보렴.
아마 좋은 글감들로 가득차 있을 거야.

생활문은 경험을 담은 글로, 일기처럼 생활 속에서 겪은 일 중에 **가장 기억에 남는 사건**을 글감으로 하여 글을 쓰면 됩니다.

그러나 일기는 **그날 있었던 일** 중에서 글감을 찾아야 하고, 생활문은 **시간의 제한 없이** 경험한 일 중에서 글감을 찾을 수 있다는 차이점이 있습니다.

경험한 일을 마인드맵으로 정리한 후
생활문 쓰기에 좋은 글감을 찾아보세요.

마인드맵으로 정리할 때는 봄, 여름,
가을, 겨울처럼 계절에 따라 구분하거나,
학교, 집, 학원처럼 장소에 따라 구분
하면 생각을 쉽게 정리할 수 있어요.

방학 숙제

스키 강습

만두 빚기

방학

명절

세뱃돈

아침 운동

보름달에
소원 빌기

여행

캠핑

제주도

놀이동산

순서대로 따라 써 볼까!

발단

아침 일찍, 아빠가 약수터에 가자며 나를 깨우셨다.

"일찍 일어나는 새가 먹이를 많이 구한단다."

아빠의 말씀에 난 억지로 일어나 세수를 하고 옷을 입었다.

약수터에 갈 준비가 끝날 때까지도 난 계속 툴툴거렸다.

전개

내문을 나서니, 찬바람에 코끝이 시려 손으로 코를 가렸다.

"왜, 춥니? 좀 걸으면 괜찮아질거야."

아빠는 물통을 들고 뚜벅뚜벅 걸어가셨다. 아빠의 발걸음이 어찌나

빠른지 나는 그 뒤를 따라 뛰어야 했다.

뒷산 옥샘 약수터에 도착하니 벌써 운동하는 사람들이 많았다.

절정

"준비 운동부터 하자꾸나."

나는 아빠를 따라 맨손체조를 했다. 체조를 하고 나니 정말 추위가

달아나는 것 같았다. 철봉에서 턱걸이도 5개나 성공해 아빠의 칭찬을

들었다. 운동으로 땀을 흘린 후 마시는 약수는 뱃속까지 시원했다.

결말

아빠는 물통에 약수를 가득 받으셨다. 나는 물통을 든 아빠를 앞질러

집으로 달렸다. 아빠와 함께한 아침 운동에 기분이 너무 상쾌했다.

단계별 분량은 어떻게 정할까?

생활문은 처음, 가운데, 끝맺음으로 이루어져 있습니다. 또, 가운데 부분은 전개, 절정으로 나누어 사건을 풀어갑니다. 따라서 **가운데 부분에 가장 많은 분량을 나누어 주고, 처음과 끝맺음 부분은 비슷한 분량으로** 정리하는 것이 좋습니다.

> **예 단계별로 분량을 정할 때**
>
> 가령 원고지 4매라고 했을 때, 처음 부분에 원고지 1 매,
> 가운데 부분에 원고지 2 매,
> 끝맺음 부분에 원고지 1 매로 나누는 것이 적당합니다.

처음 부분에서 사건의 시작을 너무 길게 쓰면 이야기가 지루해질 수 있어. 그러니 사건의 시작 정도만 쓰는 게 좋아.

또 주변 이야기를 쓸 때는 중심이 되는 이야기를 보충해 주는 정도로 써야 해. 안 그러면 이야기가 섞여 나처럼 무슨 이야기를 하는지 모르게 되거든.

생활문을 잘 쓰려면

❶ 중심 사건을 분명하게 쓴다.
한 가지 중요한 사건을 중심으로 쓰고,
주변 이야기는 중심이 되는 사건을
더욱 분명히 하는 데 필요한 것만
씁니다.

❷ 단락을 정확하게 구분한다.
발단, 전개, 절정, 결말에
맞추이 사건의 흐름을 순서대로
구성합니다.

❸ 쉬운 말로 쓴다.
어려운 한자어나 알 수 없는
외래어를 많이 섞어 쓴 글은
절대 좋은 글이 될 수 없습니다.
일상적으로 쓰는 말을 사용해
이해하기 쉽게 씁니다.

❹ 문장 호흡을 맞춘다.
문장을 알맞게 끊어줘야 합니다.
쉼표나 마침표도 하나 없이 길게
이어진 문장은 지루하고 장황합니다.
적당한 길이로 읽기 편한
길이로 맞추어 씁니다.

어떤 글이 잘 쓴 글일까?

다음 두 글은 모두 천둥을 주제로 쓴 글입니다.
어떤 글이 잘 쓴 글인지 찾고, 이유를 말해 보세요.

> 어려운 한자어가 많이 쓰인 글은 잘 쓴 글이 될 수 없어. 쉬운 말로 써야 누구나 쉽게 이해할 수 있는 좋은 글이 되는 거야.

1

동생과 티격태격하다가 엄마께 야단을 맞았다. 화가 나서 건넌방으로 가 도어에 시건을 하고 잤다. 소변을 보려고 일어났는데, 별안간 창문에 섬광이 번쩍이며, 꽈광 하고 굉음이 들렸다.

"엄마야!" 나는 혼비백산하여 문고리를 꽉 잡고 신경을 바깥으로 보냈다. 뇌성벽력이었다. 폭우가 쏟아지고 있었다.

2

동생과 싸우다가 엄마께 꾸중을 들었다. 화가 나서 내방으로 들어가 방문을 잠그고 혼자 잤다. 오줌이 마려워 잠을 깼는데, 갑자기 창문에 불빛이 번쩍하면서 꽈광 하는 소리가 들렸다.

"엄마야!" 나는 깜짝 놀라 방문 앞으로 달려가 귀를 기울였다. 천둥 소리였다. 밖에서는 소나기가 내리고 있었다.

경험이 담긴 나의 생활문

✏️ 지난 여름방학 때 경험한 일 중에서 가장 기억에 남는 경험을 골라 간단하게 써 보세요.

생활문으로 쓰고 싶은 경험

제목:

언제 일어난 일인가?

어디에서 일어난 일인가?

무슨 일이 있었는가?

생활문으로 쓰고 싶은 글감을 정했다면, 단계에 맞추어 정리해 보세요.

처음	발단	
가운데	전개	
	절정	
끝맺음	결말	

단계를 나누어 정리한 글을 생활문으로 자세하게 써 보세요.

생활문을 쓸 때는 실제로
이야기를 하듯 대화체를 쓰거나
흉내내는 말을 넣어주면 더욱
생생한 느낌의 글이 된단다.

'오늘은 다섯 번째 동생의 생일이다.'와
'오늘은 동생의 다섯 번째 생일이다.'는
뜻이 다릅니다. 글은 이처럼 낱말의 순서가 하나만
바뀌어도 뜻이 완전히 달라집니다. 예문을 참고하여
낱말의 자리를 바꾸어 문장을 만들어 보세요.

예제

원숭이는 아무리 진화해도 사람이 될 수 없다.

① 아무리 원숭이는 진화해도 사람이 될 수 없다.
② 사람이 아무리 진화해도 원숭이는 될 수 없다.
③ 아무리 사람이 진화해도 원숭이는 될 수 없다.

문제

우리는 고생 끝에 드디어 정상을 정복했다.

①
②
③

통통한 가을

가을이 되면
온갖 곡식이 통통해진다

내가 동시 한 편
낭송해줄게, 잘 들어!

리듬을 담아 노래하는 글쓰기

동시

02

가을이 되면
　　온갖 과일이 통통해진다

가을이 되면
　　내 친구 유빈이도 통통해진다.

뭐야! 내가 어디가
통통하다는 거야?

흉내쟁이 형광등

내가 책을 펴고

공부를 하면

형광등도 눈을 반짝 뜨고

책을 읽어요

내가 책을 덮고

잠자리에 들면

형광등도 눈을 꼭 감고

잠이 들어요.

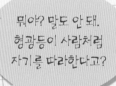

뭐야? 말도 안 돼.
형광등이 사람처럼
자기를 따라한다고?

의인화란?

동시의 표현법 중 하나인 의인화는
사람이 아닌 것을 **사람처럼 비유하여**
표현하는 방법으로, 대상과 이야기하거나
내가 대상이 되어 직접 말을 합니다.

장난꾸러기 잠자리

잠자리 한 마리가
강아지풀 위에 앉았다

내가 살금살금 다가가니
잠자리도 살금살금 달아나고

내가 한 걸음 쫓아가니
잠자리도 한 걸음 달아나네

잠자리는 장난을 좋아하는
장난꾸러기인가 보다.

잠자리를 잡으려고
살금살금 다가가던 네 모습이
떠오르지 않니? 이처럼 동시는
그림을 그리듯 글로 표현하면
된단다.

동시란 무엇일까?

김소월 시인의
〈진달래꽃〉이란다. 어떠니,
조금 어렵지?

예, 동시와는 다른 것 같아요.
동시는 낱말도 쉽고, 우리 이야기가
담겨 있어서 재미있게 읽을 수
있는데······.

나 보기가 역겨워

가실 때에는

말없이 고이 보내 드리오리다.

동시는 어린이가 이해할 수 있는 언어로 어린이의
감정을 담아 쓴 시를 말합니다. 일반적으로 어린이가
쓰거나 어른이 어린이의 입장에서 보고, 듣고, 느낀 것에 **생략**, **비유**,
리듬을 담아 아름다운 노래로 표현합니다.

생략	생각과 느낌을 짧게 줄여 표현한다.
비유	일이나 물건을 구체적인 것에 비겨 표현한다.
리듬	행과 연을 나누거나 반복되는 말로 음악적 리듬감을 살려 표현한다.

나는 글씨를 쓰면
삐뚤빼뚤합니다.
쓸 때는 모르고 쓰는데
써 놓고 보면 삐뚤빼뚤합니다.

생략

내 글씨는
삐뚤빼뚤
써 놓고 보면
삐뚤빼뚤

민들레 꽃송이에
아침이슬이 내려서
꽃이 더욱 고와 보입니다.

비유

울다가 웃는 아기처럼
눈물을 뺨에 달고
생긋 웃는 민들레꽃

연못 속에서 개구리들이
개굴개굴하고 노래합니다.
가사가 자기 이름과 같습니다.

리듬

연못 속의 개구리는
개굴개굴 노래해요
자기 이름을 노래해요

어떻게 짜여져 있을까?

동시에서는 연과 행을 나누어 리듬감을 주기도 하고, 내용을 구분하기도 합니다.

행 은 동시의 한 줄 한 줄을 말하고,

연 은 한 단위로 구분된 단락을 말합니다.

비눗방울 ----------- 제목

1연
비눗방울을 불면 ----------- 1행
거기에 내 얼굴이 비친다 ----------- 2행
비눗방울은 거울이 되고 ----------- 3행
내가 거기로 들어간다 ----------- 4행

2연
비눗방울을 날리니 ----------- 5행
내 얼굴도 같이 날아간다 ----------- 6행
나는 비눗방울을 불어 ----------- 7행
수많은 나를 하늘로 날린다. ----------- 8행

동시 비눗방울은 2연 8행으로 짜여져 비눗방울을 거울에 비유해 표현하고 있어요.

✏️ 다음 동시의 제목을 정하고, 내용에 맞게 연을 구분하여 보세요.

동시 [＿＿＿＿＿＿＿] 는 [＿] 연 [＿] 행으로 이루어져 있다.

제목 [＿＿＿＿＿＿＿＿＿＿＿＿]

반복되는 말이나
중심 문장에서 핵심 낱말을
찾으면 쉽게 동시에 어울리는
제목을 지을 수 있어.

말이 씨가 된다

그래서 '말씨'이다

비난의 말 한 마디

슬픔의 씨가 되고

칭찬의 말 한 마디

희망의 씨가 된다

곡식을 심을 때

좋은 씨를 골라 심듯

말을 할 때도

좋은 말을 가려 하자.

TIP

연은 언제 나눌까?

❶ 주제가 바뀔 때
❷ 장소나 시간이 바뀔 때
❸ 내용을 강조할 때

글감은 어떻게 찾을까?

우리의 일상생활이 모두 동시의 글감이 될 수 있는데도, 막상 시를 쓰려면 무엇을
어떻게 써야 할지 몰라 망설이는 친구들이 많습니다. 그럴 때는 내 주변에서 **일어
났던 일들**을 차근차근 떠올려, **경험과 구체적으로 관련이 있는 것**을 골라서 쓰면
됩니다.

생활에서
놀이, 공부, 집,
학교, 학원

일상용품에서
학용품, 의류, 음식,
식기, 가구, 장난감

동 · 식물에서
풀, 꽃, 나무, 과일,
동물, 곤충, 물고기

자연현상에서
하늘, 땅, 바다,
비, 눈, 바람,
계절의 변화,
천재지변

감정에서
슬픔, 기쁨,
놀람, 화남,
무서움, 초조함

글감을 찾을 때는 **먼저 주제어를 정한 후** 구체적으로 **표현하고 싶은 것**과 이와 관련
해 **떠오르는 생각**을 자세하게 정리합니다. 그러면 같은 주제어에서도 **다양한 글감을**
찾을 수 있습니다.

주제어 : 비

표현하고 싶을 것을
'우산'처럼 단순하게 적지 말고,
'우산에 떨어지는 빗방울 소리'와
같이 자세하게 적어 보렴.

무엇을 표현할지 정한 후
관련된 경험을 다양하게 펼치다
보면 좋은 글감을 찾을 수
있을 거야.

떠오르는 생각

❶ 웅덩이에 괸 물에서
첨벙거리며 장난치던 일

❷ 놀이터에서 소나기를 맞으며
신 나게 뛰어놀던 일

❸ 친구랑 우산을 빙빙 돌려
물방울을 튀기며 놀던 일

표현하고 싶은 것

1. 먹구름 가득한 하늘

2. 첨벙첨벙 물장난

3. 창문에 흐르던 빗물

어떻게 표현할까?

1

형태를 입혀 표현하기

소리처럼 눈으로 볼 수도 느낄 수도 없는 것에 **형태를 주어**, 직접 보고 만지듯 표현합니다.

벌레들이 울어

소리로 꽉 찬 길

걸으면 소리가

발끝에 **차인다**

걸으면 소리가

손끝에 **잡힌다**

소리를 **밟으며**

끝없이 걷고 싶다.

귀로만 들을 수 있는 '벌레 소리'에 형태를 입혀 '발끝에 차인다, 손끝에 잡힌다, 밟고 걷는다'는 표현으로 형태가 있는 사물처럼 묘사하고 있어.

견주어 비교하여 표현하기

모양이나 성질이 비슷한 것을 찾아 서로를 대어보고 비교하여 표현합니다.

1연에서는 기다란 기차와 지네를 비교하고 있고,

2연과 3연에서는 연기를 뿜는 기차와 구름을 토하는 용을 비교하고 있구나. 어떠니? 왜 둘을 견주어 비교했는지 알 수 있겠지?

기차는 기다랗고

지네처럼 마디가 많다

연기를 뿜으면서

터널에서 나오는 것을 보면

구름을 토하며 날아가는

용이 생각난다.

무엇과 비교할까?

서로 다른 두 가지를 비교할 때는 비슷한 것끼리 비교하기도 하지만, **전혀 반대되는 것과 비교해 강조**할 수도 있어요.

예 귀여운 양 ↔ 사나운 사자
느림보 거북 ↔ 달리기 선수 토끼

3

생각을 넓혀 표현하기

하나의 주제에 대해 **작은 것에서 점차 큰 것으로** 생각의 폭을 넓혀 가며 표현합니다.

우리 반 어린이 수는

내가 있어야 30명이 된다

우리나라 인구 속에

나도 1명으로 들어간다

지구의 무게를 계산할 때

내 몸무게도 더해지겠지

끝없이 넓다는 이 **우주**에서

내가 차지한 자리는 얼마나 될까?

'나'의 중요성을 우리 반에서 우리나라, 지구, 우주까지 넓혀 생각했어.

느낌을 강조하여 표현하기

자신이 보고, 듣고, 경험한 것을 **흉내내는 말**을 사용해 느낌을 강조하여 표현합니다.

뽀르르 밤게들은

바닷가 갯벌에 살아요

밤톨만큼 조그만 게가

밤알처럼 굴러다녀요

여기에서도 **뽀르르**

저기에서도 **뽀르르**

옆으로 걷는데도

뽀르르 뽀르르 참 빨라요.

옆으로 걷는 밤게가 이쪽저쪽에서 빠르게 움직이는 모습을, '뽀르르'라는 흉내내는 말로 느낌을 강조해 표현하고 있어.

Tip

흉내내는 말

소리를 흉내내는 말(의성어)
예 야옹야옹, 쨍그랑, 드르렁, 삐악삐악

모양을 흉내내는 말(의태어)
예 살금살금, 깡충깡충,
어기적어기적, 엉금엉금

다양하게 표현해 볼까?

 대상과 이야기하듯 표현해요.

> 돌멩이
>
> ⬇
>
> 심심하지?
>
> 이리 와, 공기놀이하자.

연필
➡

개미
➡

 내가 대상이 되어 말해요.

> 봄비
>
> ⬇
>
> 나무야, 목 마르지?
>
> 내가 물을 먹여줄게.

시냇물
➡

책가방
➡

그림으로 그리듯이 표현해요.

꽃잎

↓

꽃잎이 떨어져
팔랑팔랑 날아가요.

어항
➡

교실
➡

 흉내내는 말로 리듬을 담아요.

나무 위에서 매미가
맴맴 하고 시끄럽게
울고 있다.

↓

 매미가 맴맴

시끄럽게 맴맴

바람이 불어서 바닷물이 출렁출렁 파도가 친다.
➡

글씨를 쓰는 친구의 연필 소리가 사각사각한다.
➡

느낌을 담은 나의 동시

✏️ '학교'를 주제어로 하여 동시로 표현하고 싶은 것과 떠오르는 생각을
정리한 후 어떤 방법으로 표현할지 정리해 보세요.

학교

| 표현하고 싶은 것 | 어떤 방법으로 표현할까? | 떠오르는 생각 |

① 사람처럼 표현하기

② 비교하여 표현하기

③ 흉내내는 말로 표현하기

④ 그림을 그리듯 표현하기

학교와 관련하여 떠오른 생각 중 하나를 골라 원하는 표현 방법으로 3연으로 짜여진 동시를 써 보세요.

학교를 생각하면 친구,
선생님, 수업시간, 점심시간 등
다양한 게 떠오르지. 동시에 리듬을
담아서 재미있게 표현해 봐.

마음을 전하는 글쓰기

03

편지

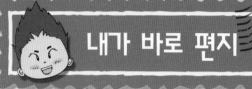

김대양 선생님께

선생님, 그동안 안녕하셨어요?

저는 잘 지냈어요. 그런데 선생님이 너무 보고 싶어요.

선생님께서 전근 가시던 날, 사실 작은 선물이라도 드리고 싶어서

예쁜 볼펜을 준비했었어요. 그런데 다른 친구들 앞에서 드리는 것이

쑥스러워 드리지 못했어요. 그 볼펜을 볼 때마다 제가 바보 같았다는

생각에 지금도 속상해요.

선생님, 저와 친한 혜숙이 기억하세요?

혜숙이와 오늘 선생님 이야기를 했어요. 혜숙이도 선생님이

무척 그립대요. 선생님께서도 저희 생각을 가끔씩 하세요?

혜숙이와 언제 선생님께 놀러 가자고 약속했는데, 혹시 가도 될까요?

선생님께서 날짜 알려 주시면, 전화 드리고 찾아뵐게요.

선생님, 건강하게 안녕히 계세요.

2000년 9월 15일

박송아 올림

찬희에게

네가 아프다는 소식을 오늘에야 들었어. 많이 아프니?

네가 며칠 보이지 않아서 민철이에게 물었더니,

아파서 이틀째 결석했다고 하더라. 같은 학년인데도 반이 다르니

소식이 이렇게 늦구나 하는 생각이 들었어.

오늘 당장 병문안을 가야 하는데, 엄마와 오후에 작은집에

가기로 미리 약속해서 이렇게 편지를 먼저 보내.

어른들 말씀에 무엇보다 건강이 제일이라고 하잖아?

공부 걱정하지 말고 빨리 나아. 내일 병문안 갈게.

찬희야, 네가 빨리 나았으면 좋겠다.

편지를 쓸 때는
읽을 사람이 왜 편지를
보냈는지 정확한 이유를 알
수 있도록 써야 한단다.

200○년 4월 25일

시우가

위문 편지를 쓸 때는

받는 사람이 처한 불행에 대해 진심으로
함께 **아파하는 마음**을 느낄 수 있도록 써
야 해요. 친한 사이라도 장난스러운 말은
피하고, 따뜻한 말로 위로해야 합니다.

다영이에게

너와 헤어진 지도 벌써 석 달이나 지났구나. 잘 지냈니?

나와 우리 반 친구들은 잘 지내고 있어.

전학 간 학교는 어떠니? 새로운 친구들은 많이 사귀었겠지?

넌 다른 사람의 이야기도 잘 들어주고 공부도 잘하니까,

아마 그곳에서도 인기가 짱일 걸로 생각해.

우리 반은 여전해. 매주 한 번씩 가는 현장체험학습도 그대로 하고

있어. 지난주에는 한강 생태공원에 가서 민물 고기와 수중 곤충을 관찰

했는데, 너와 함께 갔던 체험학습이 생각나 괜스레 눈물이 핑 돌았어.

넌 요즘 어떻게 지내는지 궁금하다. 전학 간 학교 이야기랑

친구들 이야기 좀 들려줘.

다음에 만날 때까지 건강하고, 예뻐진 모습으로 만나자.

이만 줄인다. 안녕!

2000년 7월 10일

사랑하는 친구 서윤이가

받을 사람

받을 사람이 누구인지 씁니다.

인숙아 / 선생님께 / 엄마 보세요. / 할아버지께 드립니다.
★ 존경하는, 사랑하는 등의 **꾸며주는 말**을 넣을 수 있다.

첫인사

받을 사람 안부를 묻거나 자기 안부를 짧게 씁니다.

안녕하세요? 건강은 어떠세요? /
잘 지냈니? 전학 간 학교는 어때? / 난 잘 지내고 있어.

전하고 싶은 말

편지를 쓴 이유와 하고 싶은 말을 씁니다.

요즘 어떻게 지내는지 궁금해서 편지한다.
★ 편지한 **목적이 분명하게** 드러나도록 쓴다.

끝인사

상대를 축복해 주는 인사말로 마무리합니다.

건강하게 지내. / 좋은 일들만 가득하길 빌게.

쓴 날짜

편지 쓴 날짜를 밝혀 씁니다.

새해 첫날 / 200ㅇ년 ㅇ월 ㅇ일

쓴 사람

가까운 사이에는 성을 빼고 이름만 씁니다.

서영이가 / 아들 ㅇㅇ 올림 / 제자 ㅇㅇㅇ 드림 / ㅇㅇㅇ 씀
★ 웃어른께 편지를 쓸 때는 **올림, 드림**과 같은 높임말을 쓴다.

누구에게 어떤 편지를 쓸까?

편지는 만나서 말로 할 것을 글로 쓰는 것으로, 써서 즐겁고 받아서 반가운 마음을 전하는 글입니다. 편지는 **깊이 생각하고, 여러 번 다듬어지는** 과정에서 말로 할 때보다 더 **큰 감동**의 힘을 갖게 됩니다.

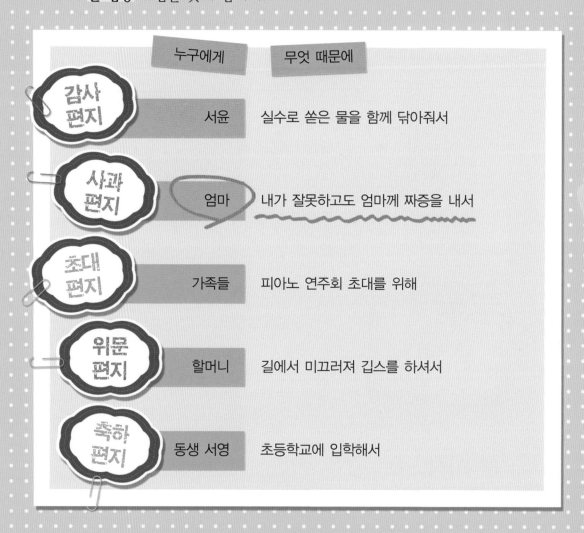

	누구에게	무엇 때문에
감사 편지	서윤	실수로 쏟은 물을 함께 닦아줘서
사과 편지	엄마	내가 잘못하고도 엄마께 짜증을 내서
초대 편지	가족들	피아노 연주회 초대를 위해
위문 편지	할머니	길에서 미끄러져 깁스를 하셔서
축하 편지	동생 서영	초등학교에 입학해서

① 편지 쓸 사람을 정했어!　　사랑하는 엄마께

② 어떻게 안부를 물을까?

아침에는 어제 화낸 게 죄송해서 엄마랑 눈도 제대로

마주치지 못하고 나왔어요. 엄마, 많이 서운하셨죠?

③ 무슨 일 때문에 편지를 썼는지 정확하게 적어야지!

어제 엄마께 꾸중을 듣고는 짜증 내고 화내서 정말 죄송해요.

숙제는 아직 많이 남았는데 엄마께서 꾸중하시니까

저도 모르게 짜증이 나서 소리쳤어요.

④ 어떤 말로 마음을 전할까?

바로 잘못한 걸 알았는데, 죄송하다는 말을 이제야 드려서 죄송해요.

⑤ 끝인사는 뭐라고 할까?

엄마의 착하고 예쁜 딸이 되도록 노력할게요. 엄마, 사랑해요!

⑥ 쓴 날짜와 사람도 적어야지!

2000년 10월 21일

귀염둥이 딸 자영 드림

편지의 좋은 점은?

① 쓰는 사람의 마음을 제대로 전할 수 있다.

② 말로 하는 것보다 오래 기억할 수 있다.

③ 말로 하기 어려운 말을 전할 수 있다.

언어 예절을 지키자!

할머니에게

할머니 잘 지냈어? 난 잘 지냈어.

할머니 많이 보고 싶다. 우리 빨리 만나!

잘 지내! 안녕~

손자 혁이가

엥, 할머니가 네 친구니?

편지를 쓸 때는 얼굴을 보며하는 대화가 아니기 때문에 더 주의해서 예의를 지켜야 한단다.

만나서 **이야기를** 하면 말에 좀 실수가 있거나 표현이 완전하지 못하더라도 **서로의 표정이나 행동으로** 이해가 됩니다. 그러나 편지는 한쪽에서 글로 보내는 것이므로, 상대에 따라 언어 선택을 신중히 해야 하고, 예의와 절차를 따라야 합니다. 특히, 웃어른께 편지를 쓸 때는 **올바른 높임말을** 사용할 수 있도록 평소에 연습해야 합니다.

웃어른께 편지를 쓸 때 사용하는 높임말을 찾아보세요.

1 받을 사람을 쓸 때

사랑하는 할머니에게 / 엄마 보세요 / 존경하는 선생님께

2 첫인사를 할 때

안녕하세요? / 잘 지내지? / 전 잘 지내고 있어요.

3 전하고 싶은 말을 쓸 때

우리가 ~했어요. / 물어볼 것이 있어요. / 제가 ~했어요.

4 쓴 사람을 쓸 때

장준영 드림 / 사랑하는 아들이 / 제자 공도윤 올림

밥 – 진지	보다 – 뵙다	묻다 – 여쭙다	우리 – 저희
말 – 말씀	자다 – 주무시다	아프다 – 편찮으시다	나 – 저(제)
집 – 댁	먹다 – 드시다	주다 – 드리다	지내다 – 계시다

편지 봉투 쓰기에도 규칙이 있어!

편지 봉투를 쓸 때도 정해진 규칙에 따라야 합니다.
그래야 우체국에서 우편물을 빠르게 분류할 수 있고,
정확하게 받는 사람에게 전달될 수 있습니다.

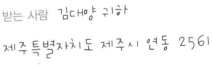

보내는 사람과
받는 사람을 적는 위치가
정해져 있어!

보내는 사람 이윤진 올림

서울특별시 서대문구 홍제동 90

1	2	0	-	0	9	1

우편번호는 정확하게
확인하고 써요.

받는 사람 김대양 귀하

제주특별자치도 제주시 연동 2561

6	9	0	-	1	7	0

우편번호는 왜 필요할까?

우편번호에는 지역(시, 구, 동)에
대한 정보가 담겨 있어서,
주소를 읽지 않고도 같은 지역 우편물을
빠르고 정확하게 분류할 수 있어요.

아래 봉투에 내 주소와 편지를 받을 친구의 주소를 써 보세요.
(우편번호는 인터넷에서 검색할 수 있어요.)

보내는 사람

□□□-□□□

250

받는 사람

□□□-□□□

존칭 쓰기 Tip

보내는 사람

드림(올림) 웃어른께 보낼 때
보냄(씀, 가) 친구 또는 아랫사람에게 보낼 때

받는 사람

귀하(님께) 상대편을 높여 이름 다음에 쓰는 말,
★ '~님'을 앞에 반복하여 쓰지 않도록 주의한다.
앞(에게) 친구 또는 아랫사람에게 보낼 때

어떤 편지를 쓸까?

편지는 목적과 내용 또는 사용 도구에 따라 다음과 같이 나누어 볼 수 있습니다.

안부 편지
오랫동안 소식을 몰라 궁금한 사람 사이에 상대방의 안부를 묻고, 자기의 소식을 전하는 편지

위문 편지
병을 앓는 사람, 힘든 일을 하는 사람, 슬픔이나 괴로움을 당한 사람을 위로하기 위해 쓰는 편지

축하 편지
입학, 졸업, 합격, 생일 등을 축하해 주는 편지

초대 편지
음악회, 운동회, 생일잔치, 기념행사 등의 모임에 참석해 주길 부탁하는 편지(초대장, 초청장, 안내장)

사과 편지
잘못을 사과하는 화해의 편지

전자 우편
이메일을 통해 문서, 그림은 물론 동영상을 개인이나 단체에게 쉽고 빠르게 전할 수 있는 편지

문자 메시지
휴대전화를 이용해 짧은 문장을 상대방에게 보내는 쪽지 형태의 편지

귀여운 막내 동생 희재에게

희재야, 초등학교 입학을 축하해.

형은 막내인 네가 아직도 아기 같은데,

벌써 우리 초등학교에 입학한다니 너무 신기해.

내일은 우리 삼 형제가 모두 함께 학교에 가는 첫날이야.

함께 등교할 생각을 하니, 난 참 기뻐. 빨리 내일이

되어서 친구 들에게 너를 자랑하고 싶구나.

희재야! 학교에서 선생님 말씀 잘 듣고,

친구 들과도 사이좋게 지내야 해. 혹시 공부하다

모르는 게 있으면 형한테 물어보고, 알겠지?

그리고 입학 축하 선물로, 네가 갖고 싶어하던

내 로봇 공룡을 줄게. 그럼 안녕!

200 0년 3월 5일

큰형 재민 씀

축하 편지를 쓸 때는
받는 사람의 높은이에 맞추어
좋아할 표현을 골라 쓰면 마음을
더 잘 전달할 수 있어.

수요일이 미영이 생일이네. 초대 편지에는 '초대하는 이유', '때와 장소'를 꼭 써야 해요.

축하해 주세요!

혜진에게

기뻐진 날이 뭔지 알지? 수요일이 내 기뻐진 날이야.

엄마가 맛있는 것을 만들어 주신다고 친구들을 초대하라고 하셨어.

맛있는 걸 의리 없게 너만 빼고 먹을 수 있어야지.

그날 꼭 와줘. 지민, 도윤, 다영, 현서도 오라고 했어.

> 때 : 6월 12일 수요일 4시
>
> 곳 : 우리 집

200〇년 6월 7일   미영이가

초대 편지는

일반 편지와 달리 '축하해 주세요, 피아노 연주회' 처럼 **제목**을 크게 달아 **어떤 이유로 초대**하는지 한눈에 볼 수 있도록 알려주는 것이 좋아요.

서윤에게

잘 지내지? 나도 건강히 잘 지내고 있어.

오늘 이렇게 편지를 쓴 건 너희 학교로 전학 간 내 친구를

소개해 주고 싶어서야. 네게 소개할 친구 이름은 승아야.

나랑 같은 반이었고, 우리 옆집에 살아서 아주 친하게 지냈어.

승아는 수줍음이 많아서 처음 볼 땐 쌀쌀맞아 보이지만,

사귀어 보면 아주 다정한 친구야. 그리고 책임감이 강해서

공부도 아주 잘해. 아마 너도 만나 보면 그 친구가 마음에 들 거야.

전학 간 학교에서 수줍음 많은 승아가 잘 적응할지 걱정되어서

부탁하니까, 잘 도와주길 바래.

네가 내 친구라는 걸 말하면 승아도 좋아할 거야.

그럼 오늘은 이만 쓸게. 안녕!

2000년 4월 2일

수정이가

친구끼리 편지를 쓸 때
이메일을 활용해 보렴. 이메일의
첨부 파일 기능을 이용하면 사진, 그림,
동영상 등도 함께 보낼 수 있어
편리하단다.

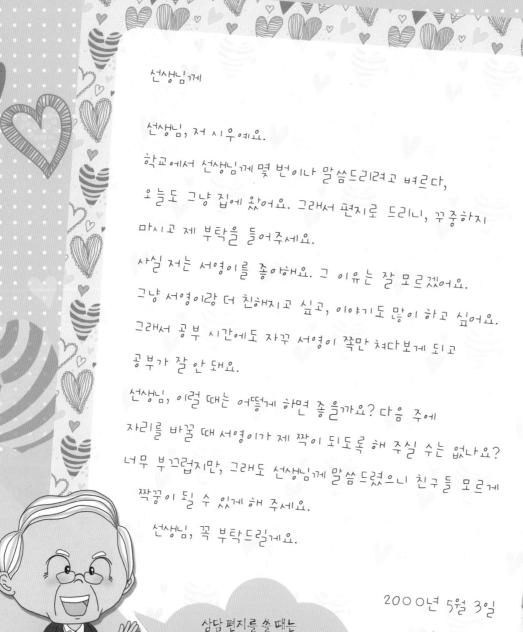

선생님께

선생님, 저 시우예요.

학교에서 선생님께 몇 번이나 말씀드리려고 벼르다,

오늘도 그냥 집에 왔어요. 그래서 편지로 드리니, 꾸중하지

마시고 제 부탁을 들어주세요.

사실 저는 서영이를 좋아해요. 그 이유는 잘 모르겠어요.

그냥 서영이랑 더 친해지고 싶고, 이야기도 많이 하고 싶어요.

그래서 공부 시간에도 자꾸 서영이 쪽만 쳐다보게 되고

공부가 잘 안 돼요.

선생님, 이럴 때는 어떻게 하면 좋을까요? 다음 주에

자리를 바꿀 때 서영이가 제 짝이 되도록 해 주실 수는 없나요?

너무 부끄럽지만, 그래도 선생님께 말씀드렸으니 친구들 모르게

짝꿍이 될 수 있게 해 주세요.

선생님, 꼭 부탁드릴게요.

2000년 5월 3일

성시우 드림

상담 편지를 쓸 때는
자신의 고민이 무엇인지 분명하게
적어야 한단다. 그래야 읽는 사람이
어떤 도움을 줄 수 있는지
알 수 있단다.

편지를 쓰는 순서에 맞추어 길을 만들어 보세요.

출발

쓴 날짜

받을 사람

첫인사

쓴 사람

끝인사

전하고
싶은 말

봉투 쓰기

도착

정답 받을 사람 → 첫인사 → 전하고 싶은 말 →
끝인사 → 쓴 날짜 → 쓴 사람 → 봉투 쓰기

61

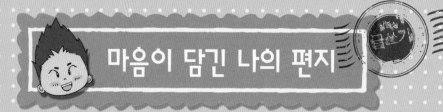

마음이 담긴 나의 편지

✏️ 오랫동안 만나지 못해 보고 싶은 사람 중 한 사람을 골라 단계에 맞추어 써 보세요.

❶ 누가 보고 싶지?

❷ 특별히 보고 싶었던 일(이유)이 있었나?

❸ 어떻게 안부를 물을까?

❹ 어떤 말로 마음을 전할까?

단계를 나누어 쓴 글을 안부 편지로 자세하게 쓴 후 이메일로 보내세요.

보내는 사람	▽
받는 사람	▽
제목	

이메일을 보낼 때는
이메일 주소를 입력한 후
꼭 다시 한 번 확인하고, 제목을
달아 스팸메일과 구분될 수
있도록 해야 한단다.

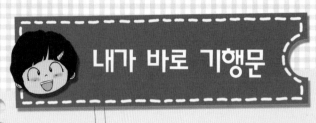
내가 바로 기행문

마음이 맑아지는 낙산사

8월 2일 아침, 눈을 뜨자마자 용수철처럼 튕기듯 자리에서 벌떡

일어났다. 엄마 아빠와 낙산사에 가기로 한 날이기 때문이다.

강원도 양양에 있는 낙산사는 영동에서 여덟 번째로 경치가

좋은 곳이라고 아빠가 말해 주셨다.

하늘을 보니 오늘 따라 유난히 구름 한 점 없이 맑아 보였다.

"야! 날씨도 참 좋다."

옷을 입고, 시계를 보니 6시 30분. 출발시각이 얼마 남지 않았다.

아침을 먹고 엄마 아빠와 나는 터미널로 향했다. 속초행 버스에

우리가 오르자 기다렸다는 듯 버스가 출발했다. 차창으로 시원한

바람이 들어오고, 가로수는 나에게 손을 흔들며 스쳐 지나갔다.

버스는 어느덧 어항으로 유명한 주문진을 지나, 낙산사에 가가워지고

있었다. 11시 20분, 드디어 낙산사에 도착했다. 일주문을 지나

낙산사로 올라가는 계단 옆으로 갖가지 꽃들이 예쁘게 피어 있고,

푸른 바다와 의상대

발밑 파도가 출렁이는 홍련암

법당에서는 목탁 소리가 은은하게 들려와 마음을 편안하게 만들었다.

또, 해안 언덕에 있는 해수관음상은 아빠보다 10배나 키가

크다고 하는데, 계단 아래 있는 법당의 작은 창으로 한눈에 볼 수

있는 것이 지금 생각해도 참 신기했다.

엄마가 잠시 쉬는 사이 아빠와 나는 옛날 의상스님이 수행을 했다던

의상대에 올랐다. 푸른 바다가 그림처럼 펼쳐져 있는 이곳에서

왜 의상스님이 수행을 하셨는지 알 것 같았다.

이번 가족 여행은 도시에 사는 나에게 눈이 맑아지고,

마음이 넓어지는 행복한 여행으로 기억될 것 같다.

기행문은 여행을 다녀와서 기록한
글이란다. 여행을 통해 경험한 것을
여정, 견문, 감상으로 나누어 적을
수 있지. 특히 여정 부분은 시간과
장소가 잘 드러나게 적어야 한단다.

기행문 삼총사가 뭘까?

기행문은 여행한 경험을 쓴 글이에요. 그래서 여행 과정인 **여정이 가장 큰 줄기를** 이루고, **여행하며 보고 들은 견문**과 이를 통해 느낀 점이나 생각인 감상으로 마무리하게 됩니다. 특히, 자신이 느끼고 생각한 감상을 잘 써야 좋은 기행문이 될 수 있습니다.

여정이란?
어행 과정이나 일정으로 여행한
날짜와 시간, 여행한 장소 등을
차례로 씁니다.

1 여정

견문이란?
견문의 견(見)은 보다, 문(聞)은
듣다라는 뜻이에요. 여행지에서
한 일이나 보고 들은 것을 말합니다.

2 견문

감상이란?
마음속에서 일어나는 느낌이나
생각으로, 여행의 경험을 통해
느끼고 생각한 것을 말합니다.

3 감상

신라의 왕릉 천마총

경주를 찾아서

10월 11일, 아침 일찍 우리 반 26명은 설레는 가슴을 안고 선생님과 경주행 기차를 탔다.

기차를 타고 남쪽으로 내려갈수록 넓은 들판과 과수원, 끝없는 황금 들녘이 펼쳐져 왠지 마음까지 시원해지는 것 같았다.

4시간 36분 만에 경주에 도착한 우리는 먼저 숙소에 들러 점심을 먹고, 짐을 정리한 뒤 천마총으로 갔다.

천마총은 작은 동산만큼이나 큰 무덤으로, 그 속에는 여러 가지 장신구들이 전시되어 있었다. 선생님께서 이 물건들은 신라시대에 왕이 쓰던 것이라고 하셨다.

사람은 죽어서 뼈까지 먼지로 사라졌는데, 쓰던 물건들은 그대로 남아 있으니 기분이 묘했다.

천마총을 돌아보고, 신라의 궁궐터였던 반월성으로 가는 길에 들판 한 가운데 있는 첨성대를 보았다.

선생님께서 천문관측대인 첨성대는 362개의 돌로 27층을 쌓아 만든 것으로, 고려와 조선시대의 천문대보다 훨씬 크기가 크다고 말씀하셨다. 그 옛날에 이런 것을 만든 우리 조상의 지혜가 대단하고 자랑스러웠다.

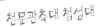
천문관측대 첨성대

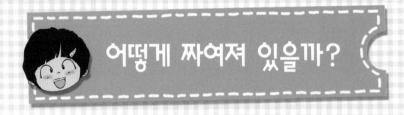

어떻게 짜여져 있을까?

여행했던 경험을 생각나는 대로 쓰다 보면 여정, 견문, 감상이 뒤섞이거나 중요한 일정이 빠질 수 있어요. 그래서 기행문을 쓸 때는 처음, 가운데, 끝으로 나누어 **시간대별로 여정, 견문, 감상을 정리**한 후 여기에 맞추어 쓰는 것이 좋습니다.

여행 동기와 여행 전 기다려지는 마음 등을 함께 적습니다.

시간대별로 나누어 여정, 견문, 감상이 여러 개 들어갈 수 있습니다.

여행을 마친 후 감상을 적습니다.

	여정	우리 반은 반구정으로 현장학습을 가기 위해 9시 30분에 학교에서 관광버스로 출발했다.
처음 가는 길	견문	시내를 벗어나 한참 가니 왼쪽으로 한강을 끼고 넓게 트인 길이 나왔다. 그 길은 자유로인데, 북한의 개성공단까지 이어져 있다고 한다.
	감상	빨리 통일이 되어 이 길을 따라 개성, 평양, 압록강까지 갈 수 있었으면 좋겠다.
	여정	11시에 반구정에 도착했다. 이곳에서는 엄숙해야 한다는 선생님의 주의를 듣고 우리는 안으로 들어갔다.
가운데 내용	견문	반구정은 세종 때 황희 선생이 계셨던 정자라고 했다. 임진강가에 있어 앞에는 휴전선 철조망을 따라 국군 아저씨들이 지키고 있었다. 안으로 들어가 사당과 동상을 보고 강가의 정자에도 올라가 보았다.
	감상	황희 선생이 남북이 서로 총을 겨누고 있는 지금의 우리를 어떻게 생각하실까 궁금했다.
끝 여행 감상	감상	오늘 현장학습은 조선시대 정승의 자취도 돌아보고, 같은 민족끼리 서로 죽이고 싸웠던 부끄러운 현장도 보게 되어 참 많은 것을 느낀 하루였다.

기행문을 쓰기 전 준비가 필요해!

① 사전 조사하기

여행을 할 곳에 대해 미리 조사합니다. 가령 백제의 옛 서울이었던 공주와 부여를 여행할 계획이라면 돌아보게 될 장소에 대한 **책이나 인터넷 정보**를 찾아봅니다.

② 메모하기

여행을 하며 **때와 장소에 따라** 보고 듣고 겪은 일과 함께 느낀 점을 적습니다.

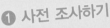

★ 사전 조사 정리하기

- ☑ 장소
- ☑ 여행 경로
- ☑ 역사적 배경과 인물
- ☑ 전설 또는 유래
- ☑ 지역적 특성

★ 메모할 때는 여정에 따라 견문, 감상을 나누어 적어요!

여정	시간과 장소
견문	보고 들은 것
감상	느끼고 생각한 것

❸ 사진 남기기

여행의 기억을 떠올릴 수 있도록 사진과 설명을 담아옵니다.
여행한 곳의 사진을 찍고 그 사진과 연관된 전설 또는 역사적 사실도 함께 기록하면 좋습니다.

❹ 안내서 챙기기

여행지에 준비된 안내서를 수집합니다. 관광지나 사적지 등에는 그곳을 알리는 해설서나 안내서가 있으므로, 그것을 가지고 오면 기행문을 쓸 때 좋은 자료가 될 수 있습니다.

★ 사진 촬영이 가능한지 먼저 확인해요!

박물관에 입장하기 전 입구에서 사진촬영 여부를 확인하고, 사진촬영 중 플래시가 터지지 않도록 주의합니다.

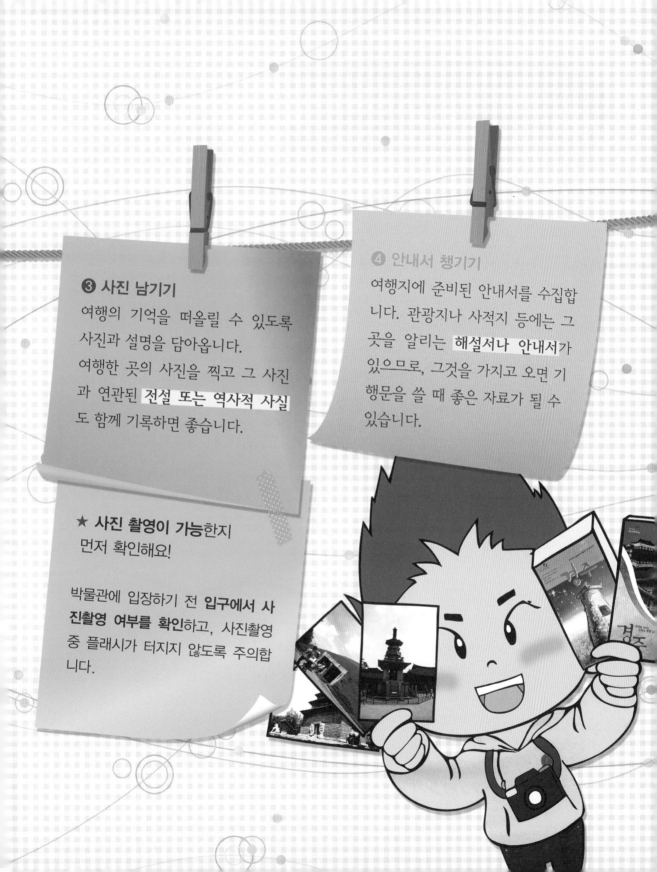

기행문을 잘 쓰려면

❶ 떠날 때의 기대를 생생하게 쓴다.

소풍 전날 밤잠을 이루지 못하는 경우가 많습니다.
여행에 대한 기대와 떠날 때의 즐거운 분위기를 생생하게 씁니다.

❷ 중요한 일을 중심으로 쓴다.

여정에 따라 차례로 쓰되
중요한 내용이나 큰 사건을 중심으로 씁니다.

❸ 짜임을 조화롭게 쓴다.

견문과 감상이 조화를 이룰 수 있도록 씁니다.
들은 이야기만 나열하거나 생각만 늘어놓지 않도록 하여,
어느 한쪽에 치우치지 않게 씁니다.

❹ 전설 또는 독특한 풍습 등을 쓴다.

여행지에 관련된 역사적 사실이나 전설, 지역적인 특색이
드러나게 씁니다. 그 지역의 독특한 풍습이나 말씨(사투리) 등을
찾아 쓰면 더욱 재미있는 기행문이 됩니다.

오늘은 우리 4학년이 여름숲 학교에 들어가는 날이라

아침부터 마음이 들떴다. 장소는 작년에 갔던 수련원이다.

하늘을 찌를 듯이 치솟은 잣나무 숲에 천막을 치고,

풀벌레 소리를 들으며 밤을 새웠던 추억이 아직도 생생하다.

또, 계곡을 막아서 만들어 놓은 수영장에는 송사리가 들어와 우리와 함께

수영할 정도로 물이 맑았었다.

다른 날보다 일찍 학교에 갔는데도 벌써 많은 아이가 와 있었다.

차로 몇 시간을 달려도 끝없이 넓은 들이 계속되는 고장이 김제이다.

호남의 곡창지대인 김제는 땅이 기름진데다가 들도 넓어서

쌀이 많이 난다고 한다.

"음식 끝에 인심 난다고, 김제는 먹을 것이 풍부해서 인심도 좋당께로."

누군가가 김제 사투리를 흉내내서

우리는 한바탕 웃었다.

어떤 기행문을 쓸까?

주왕산의 봄

작년 가을에 가족과 함께 갔던 주왕산은 단풍이 참 아름다웠다.

그래서 산에 다녀와서도 자꾸 생각이 났는데, 이번 주말에 아빠가

다시 주왕산에 가보자고 하셨다.

주왕산은 집에서 거리가 좀 멀어서 새벽부터 준비를 시작했다.

주왕산으로 차를 타고 가는 길은 좀 지루했지만, 가는 길에 피어 있는

노란 개나리들이 우리를 지치지 않게 도와주는 것 같았다.

점심 무렵 도착한 우리는 근처 식당에서 산채비빔밥을 맛있게 먹고,

천천히 산행을 시작했다. 산행길은 작년에도 가 봤던 길이었는데,

단풍 대신 개나리와 진달래로 옷을 갈아입은 산의 느낌이 작년과

너무나 달라져서 다른 산에 온 듯한 착각이 들 정도였다.

산에 올라가는 것은 힘이 들었지만, 가족과 함께 이야기도

하고 간식도 챙겨 먹으면서 오르니까

걱정했던 것만큼 많이 힘들지는 않았다.

이번 여행으로 가을의 주왕산에 이어 봄의

모습까지 보았으니, 다음에는 여름의 모습도

꼭 보러 오자고 해야겠다.

> 기행문을 쓸 때는 실제 경험한 여정과 견문을 중심으로 사실대로 쓰고, 들은 내용을 과장하여 쓰지 않도록 해야 한다.

마지막 돌고래쇼

일요일이라서 늦잠을 자고 있는데 아빠가 깨웠다.

"무슨 늦잠이니? 어서 일어나, 좋은 구경시켜줄게."

아빠는 대공원에서 하는 마지막 돌고래쇼를 보러 가자고 했다.

나는 좋아서 벌떡 일어나 세수하고 밥을 먹었다. 유치원 때 마지막으로 봤던

돌고래쇼가 떠올라 더욱 기대가 됐다.

우리 집에서 대공원은 4호선 전철을 타면 바로 간다. 대공원역에 도착하니

벌써 11시였다. 마지막 공연이라 그런지 많은 사람이 줄을 서서

공연을 기다리고 있었다.

돌고래쇼가 시작되자, 돌고래들이 조련사와 함께 헤엄을 치고, 하늘 높이 점프를

했다. 또, 소리를 내며 재롱을 부리는 것이 너무 신기하고 재미있었다.

아빠께 왜 돌고래쇼를 이제 안 하느냐고 물었더니, 이 쇼를 위해서 돌고래에게

동물 학대라고 할 수 있을 정도로 힘든 훈련을 시켜 왔기 때문이라고 한다.

재미있는 돌고래쇼를 못 보게 된 것은 서운하지만, 돌고래들이 이젠 힘들게

훈련하지 않아도 된다고 하니

다행이라는 생각이 들었다.

다양한 소재를 담아요!

기행문은 먼 곳으로 다녀온 여행뿐 아니라, **친구네 집**을 다녀온 이야기부터 **소풍이나 나들이**, **박물관 견학** 등도 여정, 견문, 감상이 드러나게 적으면 기행문이 될 수 있어요.

✏️ 기억에 남는 여행을 떠올려 누구와 언제 다녀온 여행이었는지 정리해 보세요.

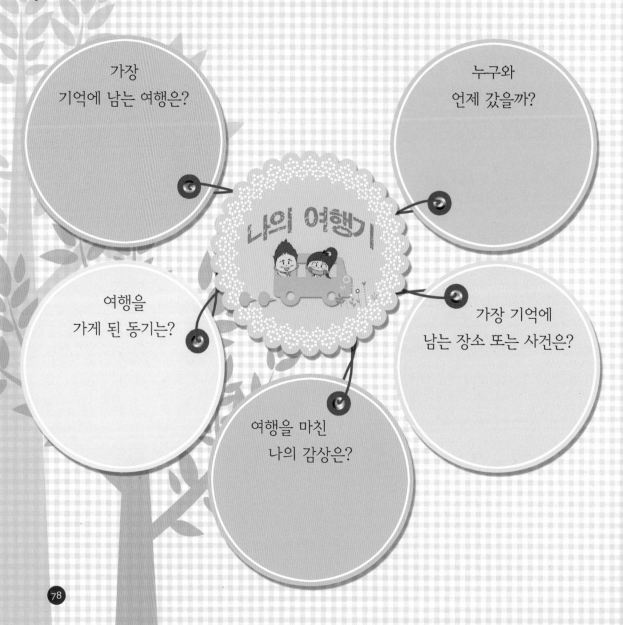

가장
기억에 남는 여행은?

누구와
언제 갔을까?

나의 여행기

여행을
가게 된 동기는?

가장 기억에
남는 장소 또는 사건은?

여행을 마친
나의 감상은?

기억에 남는 여행을 정리한 것을 보고 여정, 견문, 감상으로 나누어 단계에 맞추어 써 보세요.

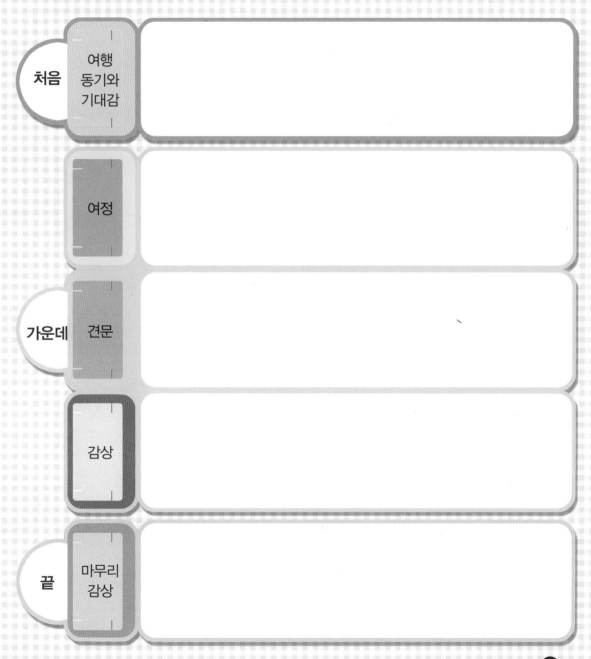

처음	여행 동기와 기대감	
가운데	여정	
	견문	
	감상	
끝	마무리 감상	

✏️ 여정, 견문, 감상으로 단계를 나누어 쓴 글을 기행문으로
자세하게 써 보세요.

같은 곳을 함께 여행했더라도
사람마다 기억에 남는 장소와
느낀 점이 다를 수 있어요.
그 이유는 서로의 경험과 관심이
다르기 때문이랍니다.

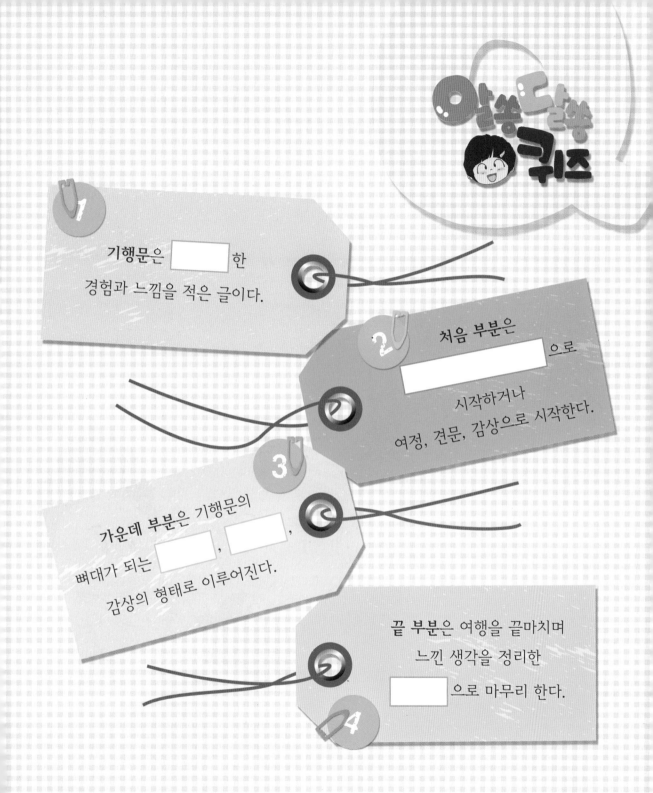

알쏭달쏭 퀴즈

1 기행문은 [ ]한 경험과 느낌을 적은 글이다.

2 처음 부분은 [ ]으로 시작하거나 여정, 견문, 감상으로 시작한다.

3 가운데 부분은 기행문의 뼈대가 되는 [ ], [ ], 감상의 형태로 이루어진다.

4 끝 부분은 여행을 끝마치며 느낀 생각을 정리한 [ ]으로 마무리 한다.

정답 ❶ 여행 ❷ 여행 동기나 기대감 ❸ 여정, 견문 ❹ 감상 유문

내가 바로 일기

7월 24일 화요일 　　　　　날씨 : 소낙비가 줄줄

마지막 수업시간에 우연히 창밖을 보니 비가 내리고 있었다.

'맞다, 엄마가 우산 챙기라고 했는데…….'

늦잠으로 아침도 못 먹고 정신없이 나오느라,

엄마의 우산 챙기라는 말을 깜빡했다. 그런데 정말 비가 왔다.

왜 하필 이런 날에는 비가 내리는지 모르겠다.

실내화 주머니를 머리에 얹고 운동장을 달리는데, 교문 앞에서

예쁜 내 우산을 흔들며 엄마가 기다리고 있었다.

빗속에서 나를 기다리던 엄마의 모습은 꼭 천사 같았다.

오늘 엄마가 나의 수호천사가 되어준 것처럼

나도 다음에는 엄마의 수호천사가 되어주어야겠다.

엄마, 고맙습니다!

엄마가 왜 천사처럼
보였는지 알았나요? 일기는 이처럼
자세하게 써야 나중에 읽었을 때
그때 상황을 쉽게 다시 떠올릴
수 있답니다.

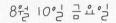

8월 10일 금요일 　　　　 날씨 : 하늘에서 꽃비가 내렸다

알록달록 예쁜 우산들

며칠 전 엄마와 마트에 갔다가 동그라미가 가득한 빨강 우산을 샀다.

드디어 기다리던 비가 내렸다. 신 나서 우산을 쓰고 밖으로 나갔다.

사람들이 쓴 알록달록한 우산들이 예쁜 꽃처럼 보였다.

하늘은 가맣고 어두운데, 세상은 예쁜 꽃밭 같았다.

그 중에서도 제일 예쁜 꽃은 내 우산이었다.

어때요? 그림으로 일기를 쓰니 그날의 느낌이 생생하게 느껴지나요? 우산을 꽃 같다고 표현한 부분은 동시일기로 표현해도 좋겠어요.

어떻게 짜여져 있을까?

일기는 그날 있었던 일 중에서 가장 기억에 남는 사건이나 말·행동 등을 다양한 형식으로 솔직하게 쓴 글로, 나의 기록을 담은 자서전이 됩니다.

날짜와 요일

일기는 나의 기록으로 **정확한 날짜와 요일**을 적어 언제 쓴 일기인지 알 수 있게 하고, 연도는 일기 첫 장에만 기록합니다.

날씨

맑음, 흐림처럼 간단하게 적기보다, **'바람이 시원하다, 땀이 줄줄 흐른다'**와 같이 **날씨에 감정을 담아 표현**합니다.

그날의 주제

일기는 제목을 붙이지 않고 **첫 문장에 주제를 담아 시작**하는 것이 일반적입니다. 그러나 일기를 쓰기 시작하는 단계에서는, 제목을 붙여 쓰면 내용을 쉽게 떠올릴 수 있습니다.

겪은 일

하루 중 **가장 기억에 남는 일이나 하고 싶은 이야기**를 정하여 자세히 씁니다.

생각과 느낌

일기에서 가장 중요한 부분으로 **겪은 일에 대한 생각과 느낌을 솔직하게 적습니다.** 재미있었다, 슬펐다처럼 간단하게 쓰지 말고, 왜 그런 감정이 들었는지까지 자세히 적습니다.

5월 10일 화요일　　　　　　　　날씨 : 콧속으로 비가 들어오다

난 코가 위로 치켜져서 정말 고민이다. 생긴 것도 맘에 안 들지만,

자꾸 코 때문에 친구들에게 놀림을 당하기 때문이다.

오늘도 도윤이가 '먼 산 보는 돼지 코' 같다며 놀렸다.

너무 속상해서 난 그 자리에 주저앉아 울어버렸다.

나중에 도윤이가 미안하다고 사과했지만, 난 받아주지 않았다.

아직도 그 생각만 하면 머리끝까지 화가 난다.

그런데 화가 나서 집으로 들어오는 나에게 엄마까지

"우리 예쁜 돼지가 왜 화가 났을까?" 하셨다.

난 더욱 화가 나서 대꾸도 않고, 이불 속에서 한참이나 울었다.

난 정말 내 코가 싫다. 성형수술을 하면 내 코도

김태희 언니처럼 예쁜 코가 될 수 있을까?

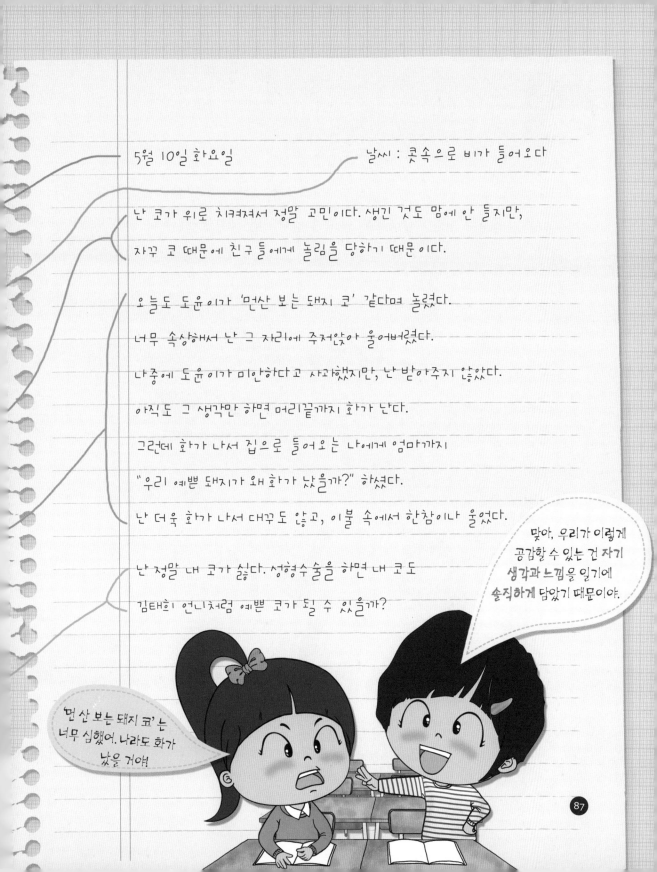

'먼 산 보는 돼지 코'는
너무 심했어. 나라도 화가
났을 거야!

맞아, 우리가 이렇게
공감할 수 있는 건 자기
생각과 느낌을 일기에
솔직하게 담았기 때문이야.

87

글감은 어떻게 찾을까?

일기는 매일 쓰는 글로 무엇을 써야 할지 글감 때문에 고민하는 친구들이 많습니다. 그러나 **장소·시간·감정으로 나누어 생각**하면 글감을 쉽게 찾을 수 있습니다. 생각을 나눌수록 글감은 더욱 많이 늘어납니다.

순서대로 따라 써 볼까!

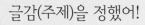
글감(주제)을 정했어!

엄마랑 도넛 만들기

그럼, 이제 일기를 써 볼까!

10월 15일 수요일 날씨 : 어깨가 움츠러들다
수업이 끝나고, 집에 돌아와서 엄마와 도넛을 만들었다.

도넛을 만드는 방법을 자세히 적어야지!

반죽을 얇게 밀어 다양한 틀로 찍어내니, 여러 가지 모양의 도넛이 됐다.
예쁘게 모양을 낸 얇은 반죽을 뜨거운 기름에 넣으니 통통하고
맛있는 도넛이 둥실 기름 위로 떠올랐다.

도넛을 만들면서 무엇을 느꼈더라?

얇은 반죽이 튀겨지면서 풍선처럼 부풀어
오르는 것이 정말 신기했다. 그런데 아빠
몫으로 남겨놓은 도넛은 바람 빠진
풍선처럼 납작해져 너무 속상했다. 그래도
아빠가 맛있다고 해주셔서 많이 기뻤다.

Tip
일기는 남을 보여주기 위한
글이 아니에요. 따라서 이야기를
꾸며서 쓰지 말고, **솔직한 내 생각과**
느낌을 담는 것이 중요해요.

어떤 일기가 잘 쓴 일기일까?

일기를 쓸 때는 정확한 날짜를 밝히고, 일상적으로 반복되는 이야기가 아닌 그날 있었던 중요한 일에 대해 자세하게 씁니다. 특히, 자주 반복되는 '오늘, 나'와 같은 말은 쓰지 않는 것이 좋습니다.

3월 18일 토요일   날씨 : 맑음

동생이랑 싸웠다.

그래서 엄마한테 혼이 났다.

나만 혼이 나서 억울하다.

> 어, 내가 동생이랑 왜 싸웠지? 많이 화가 났었던 것 같은데…… 일기만 읽고는 모르겠어.

Tip 잘 쓴 일기는

❶ 언제, 어디서
❷ 누구와 무슨 일이 있었고,
❸ 나는 그 일을 어떻게 느끼고, 생각했는지가 잘 나타나 있어서 나중에 읽었을 때 생생하게 그 일 기억할 수 있어야 해요.

3월 18일 토요일　　　　　날씨 : 해님이 따뜻하다

동생과 함께 보드게임을 했다.

그런데 동생이 자꾸만 게임 규칙을 어겼다. 또, 자기가 질 것 같으면

억지도 썼다. 난 이런 동생에게 화가 나서, 게임을 하고 싶으면

규칙을 꼭 지키라고 말했다.

그런데 동생이 갑자기 큰 소리로 울기 시작했다. 내가 황당해서

동생을 보고 있는데, 엄마가 동생 울음소리를 듣고 오셨다.

엄마는 형이 돼서 동생과 잘 놀아줘야지 울리면 어떡하느냐고

혼내셨다. 난 아무런 잘못도 없는데, 정말 억울하다.

왜 엄만 내 얘기는 듣지도 않고 혼을 내실까?

동생도 밉고, 엄마도 너무너무 밉다.

나랑 동생이 바뀌었으면 좋겠다.

난 형이라서 너무 억울하다!

어떠니? 사건이
왜 일어났고, 왜 그런
생각을 했는지 자세하게 적으니
아주 잘 쓴 일기가 됐구나!

어떤 일기를 쓸까?

조사일기

7월 2일 수요일　　　　　　날씨 : 해님만 반짝

엄마가 김치를 새로 담그셨다며, 저녁 반찬으로 수육을 하셨다.

형과 난 원래 고기를 좋아해, 한 접시를 금세 비우고 더 달라고 엄마를

졸랐다. 그런데 엄마 말씀이 고기를 많이 먹으면 건강에 좋지 않아서,

딱 한 접시만 만드셨다고 했다. 너무하다, 그렇게 조금만 만드시고……

왜 맛있는 고기를 엄마는 적게 먹으라고 하는지 조사해 봤다.

① 사람의 장 길이는 키의 10배 정도로 초식동물처럼 채식에 맞게

　　구성되어 있다.

② 고기는 소화되는 시간이 길어 소화 과정 중 부패하여 장에서

　　가스를 만든다.

　　③ 지방이 많아, 많이 먹으면 몸이 뚱뚱해진다.

이제, 엄마가 왜 그런 이야기를 하셨는지 알았다.

많이 먹지 않으려고 노력하겠지만, 고기가 너무

맛있어서 가능할지 모르겠다.

Tip

조사한 내용을 간단하게

조사일기는 책이나 TV를 보며 궁금증이 생겼을 때, 왜 그것을 **조사하게 되었는지 이유**와 함께 **조사한 내용**을 간단하게 적어요. 마지막 부분에 **자기 생각**도 함께 쓰면 더욱 좋아요.

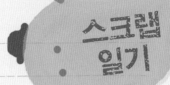

11월 6일 화요일   날씨 : 구름 사이로 해님

파란정원일보

eatingbooks.com

〈일간〉 2012년 11월 6일 화요일

싸이 '강남 스타일', 빌보드차트 2위 등극

싸이 말춤에 지구가 흔들흔들

역시 대세는 싸이 형이야.
오~ 강남스타일!

싸이의 강남스타일이 유튜브를 통해 뮤직비디오로 유명해지면서 세계 곳곳에서

인기를 끌고 있다고 한다. 그리고 드디어 빌보드 차트 2위까지 올랐다.

나도 동생과 함께 강남스타일을 부르며 말춤을 춘다. 춤을 출 때마다

동생과 나는 장난스러운 몸짓에 깔깔거리다 쓰러진다. 너무 재미있다.

다음 주에는 강남스타일이 1위를 해서, 우리나라 음악이 얼마나

훌륭하고 즐거운지 세계에서 인정받았으면 좋겠다.

스크랩을 할 때는
관심 분야나 이슈가 되고
있는 일에 관한 것이 좋단다.

영어
일기

10월 31일 수요일   날씨 : witch가 비바람을 일으키다

우산이 날아갈 것 같은 비바람을 뚫고 학원에 갔다가 깜짝 놀랐다.

선생님들이 벌써 ghost 복장을 하고, 우리를 기다리고 있었기

때문이다. 내가 좋아하는 로라 선생님은 욕심 많은 witch로 분장했다.

우리는 pumpkin을 들고, 선생님들을 찾아다니며

"Trick or Treat"

을 외치며, candy를 달라고 장난을 쳤다.

선생님도 ghost 흉내를 내며, pumpkin 가득 candy를 담아주셨다.

Halloween day가 이렇게 재미있는 날이란 걸 오늘 처음 알았다.

여태까지 영어는 힘들고 재미없는

공부라고 생각했었는데, 이젠

영어가 재미있어질 것 같다.

Tip

한두 문장만 영어로 표현해요!

영어일기라고 하면 걱정부터 하는
친구들이 많아요. **처음**에는 알고 있는
영어 단어를 중간마다 넣어 쓰고, **점차**
문장 형태로 바꾸면 됩니다.

알찬 하루를 담은 나의 일기

하루를 돌아보며 기억에 남는 사건이나 말, 행동 등을 장소, 시간, 감정으로 나누어 정리해 보세요.

학교

학원

집

장소

속상했던 일

아침

감정

시간

슬펐던 일

점심

저녁

기뻤던 일

자, 오늘 무슨 일이 있었는지 생각해 볼까? 장소, 시간, 감정처럼 생각을 나누면 글감을 쉽게 찾을 수 있단다.

장소, 시간, 감정으로 나누어 쓴 글감 중에서 일기의 글감을 한 가지만
골라 단계에 맞추어 써 보세요.

글감(주제)을 정했어!

그럼, 이제 일기를 써 볼까!

를 자세히 적어야지.

하며 무엇을 느꼈더라?

✏️ 단계를 나누어 쓴 글을 뉴스일기로 자세하게 써 보세요.

월 년일 요일 일 날씨 :

일어난 시각   잠자는 시각

시   분   시   분

뉴스일기는
그날 있었던 일을 **다른 사람**에게
전달하듯이 쓰면 된단다. 기자가 되었다고
생각하고 객관적인 입장에서
이야기하듯 써보렴.

일기를 잘 쓰기 위해 친구들은 어떤 순서로
일기를 쓰는지 사다리를 타고 따라가 보세요.

첫 문장에
주제를 담아
시작한다.

날짜와 요일을
정확하게 쓴다.

이 일에 대한
내 생각과 느낌을
솔직하게 쓴다.

누구와
무슨 일이
있었는지 자세히
쓴다.

★날씨에 감정을
담아 표현하는 것도
잊지 말아요!

1

2

3

4

날짜 9월 30일 책이름 나, 오늘은 창의력을 키우는 수수께끼 탐험대

출판사 파란정원 글쓴이 윤수진 그린이 장연화 쪽수 168쪽

마녀와의 수수께끼 대결!

내가 소개해 주고 싶은 책은 〈나, 오늘은 창의력을 키우는 수수께끼 탐험대〉야.

운동, 두뇌, 식해, 말썽이가 주인공인데, '동화책에 나오는 마녀들은 모두

바보 같다.'고 말하는 바람에 동화책으로 지은 집을 통해 동화 나라로

빨려 들어가게 돼. 난 이 부분이 가장 환상적이었어.

또, 아이들이 마녀를 만나기 위해서는 단계마다 수수께끼를 풀어야 했는데,

혹시 아이들이 틀릴까 봐 얼마나 가슴이 조마조마했는지 몰라.

이 책은 내용도 재미있지만, 수수께끼를 함께 풀 수 있어서 우리 공부에도

많이 도움이 될 것 같아. 친구들아, 너희도 꼭 한번 읽어 봐!

Tip 책을 소개할 때는

책이름, 주인공, 줄거리와 느낌을 담아야 해요. 책을 소개할 때 느낌만 너무 강조하면, 어떤 책인지 친구들이 알 수 없어요. 대강의 **줄거리**와 함께 **왜 소개하게 되었는지 이유**도 함께 적어 보세요.

날짜 11월 5일 책이름 아빠가 감기 걸린 날 출판사 책먹는아이

글쓴이 허윤 그린이 이창준 쪽수 40쪽

날씨로 표현하는 인물 이야기

등장인물	날씨 변화와 이유
 혁이	 꿀병을 깨서 걱정했는데, 아빠가 다정하게 이야기해 주셔서
 준이	 아빠가 감기에 걸려 슬펐는데, 간호로 다 나아 책을 읽어주셔서
 아빠	 감기 때문에 짜증을 내다가, 간호하는 아이들 정성에 기분이 좋아져서

독서 감상문은 전체적인 느낌을 글로 표현하는 것이 대부분이지만, 느낌을 살려 단순한 그림과 함께 재미있게 쓸 수도 있단다.

103

어떻게 짜여져 있을까?

독서 감상문은 책을 읽고 나서 느끼고 생각한 것을 쓰는 글입니다. **느낀 점과 함께 도서 정보**를 적어 두면 시간이 흐른 뒤에도 이 책에 대한 느낌을 떠올리기 쉽습니다.

 얼마나 자주 책을 읽는지 확인할 수 있습니다.

 작가에 대한 배경 지식은, 작품에 대한 작가의 마음을 **깊이 이해할 수 있고,** 좋아하는 작가를 만들어 **책에 대한 관심을 높일 수도 있습니다.**

 책을 읽으며 느낀 **감동을 한 문장으로 표현합니다.**

 책을 읽게 된 이유나 책을 읽기 전 기대감을 함께 적어 두면, **읽은 후의 감상과 연결하여 더 풍부한** 독서 감상문을 쓸 수 있습니다.

 이야기의 틀을 간단히 적어두면, 나중에 책의 내용이 기억나지 않을 때 **감상문만 읽고도 이야기를 떠올릴 수 있게** 됩니다.

 독서 감상문에서 가장 중심이 되는 부분으로, 감상문의 형식을 결정짓는 중요한 요소가 됩니다.

날짜 7월 28일   책이름 시간을 만드는 방법   출판사 책속물고기

글쓴이 에블린 드 플리허   그린이 웬디 판더스   쪽수 112쪽

시간을 만든다고?

엄마와 서점에 갔다가, 별이 가득한 밤하늘에 날아다니는 시간을 알리는 물건들이

재미있어 관심을 갖게 됐다. 특히 입을 묶어놓은 닭은 너무 웃겼다.

이 책은 제목처럼 시간에 관한 이야기다. 이모의 생일에 혼자 다녀오기 싫은 펠릭스는

시간이 없다는 핑계를 대지만, 엄마는 시간이 없으면 시간을 만들라고 한다.

펠릭스는 시간을 어떻게 만들 수 있을지 고민하며, 할아버지 유령, 안경사 펩 아저씨,

친구 피터에게 도움을 받아 시간을 만드는 방법을 찾게 된다.

처음에 시간을 만들라는 엄마의 말에 나도 의아했다. 시간은 24시간으로 누구에게나

똑같은데, 시간을 만든다니…… 그런데 책을 읽으며 시간을 만드는 방법이 시간을

낭비하지 않는 것이란 걸 알았다.

항상 놀다가 밤늦게 숙제를 하며, "시간이 없다."고 투덜거렸는데, 이젠 나도 계획표를

세워 시간을 만드는 방법을 배워야겠다.

독서 감상문을 쓰기 전에

독서 메모

책을 읽은 후 간단하게 독서 메모를 해 두면 시간이 지
난 후에도 책에 대한 **감상을 쉽게 떠올릴 수 있고**, 같은 책
을 읽은 후 느낌이나 생각을 비교해 볼 수 있어 좋습니다.

읽은 날짜	책이름	글쓴이	감상
3월 20일	엄마 껌딱지	강효미	스스로 먼저 해보려 노력해야겠다.
8월 15일	티라노 주식회사	김한나	일회용품을 줄이고, 재활용하는 습관을 들여 자연을 보호하자.
12월 1일	서랍 속에 산타마을이 있다	서희	어떤 일이든 시작하면 끝까지 마무리하자. 나도 산타 할아버지 조수가 되고 싶다.

그렇구나, 책을 읽을 때마다 어떻게 감상문을 쓰나 걱정이었는데, 이렇게 정리하니 간단하게 기록을 남길 수 있어 좋을 것 같아요.

독서 메모는 책을 읽은 후 바로 적는 것이 좋고, 적을 때는 감상을 중심으로 쓰면 된단다.

책 속에 나오는 인물과 인상 깊은 장면, 기억에 남는 말과 행동을 나누어 정리해 두면, 감상문을 쓸 때 **전체 내용**이 한눈에 들어와 내용을 기억하는 데 도움이 됩니다.

자연의 소중함을 알려주었다.

오이모로 사람을 평가하지 말자.

검은 물체가 모양을 바꾸며 돼지들을 따라오는 장면

환경오염의 두려움을 그대로 느낄 수 있었다.

인물

인상 깊은 장면

사람에게도 두려운 것

초록 물방울이 거미줄처럼 퍼져 나가는 장면

자연의 위대함에 놀랐다.

"아니 음식 대신 알약을 먹는단 말이냐? 음식은 만들지도 않고?"

알약을 먹으면 편할 거로 생각했는데 잘못된 생각 같다.

기억에 남는 말과 행동

검은 물체가 가까이 다가오자 돼지들은 등줄기가 서늘해졌어요.

검은 물체의 두려움이 느껴졌다.

제목에 어떤 느낌을 담을까?

독서 감상문 쓰기의 시작은 **알맞은 제목과 형식**을 정하는 것이라 할 수 있습니다. 이 과정에서 어떤 느낌이 담긴 독서 감상문을 쓸지 정해지기 때문입니다.

제목을 정할 때는 책이름을 그대로 쓰기보다는, **책의 전체적인 느낌**이나 **감상문의 내용을 대표할 수 있는 인상적인 제목**이 적당합니다.

혹시, 읽은 책을 내세우고 싶다면 '○○○○을 읽고'처럼 보충하는 제목을 덧붙여 주면 됩니다.

〈아씨방 일곱 동무〉를 읽고, 감상문 제목으로 '나는 누구일까요?'를 붙여 퀴즈 감상문을 쓸거야.

그래, 난 '아씨방 잘난 척쟁이들'로 동시 감상문을 쓰려고 하는데……

모두 재미있는 감상문이 되겠구나. 제목을 정할 때는 전체적인 느낌이나 감상문의 내용을 보여줄 수 있는 것이 좋단다.

순서대로 따라 써 볼까!

책을 읽은 동기와 첫인상을 써 봐!

독서골든벨 도서에 포함되어 읽게 되었다. 편식이 심해
엄마에게 자주 골고루 먹으라는 이야기를 들었는데,
그때 내가 하는 "내가 어때서!"와 책제목이 같아 궁금증이 생겼다.

그럼, 이제 간단하게 줄거리를 써볼까!

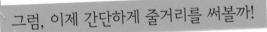

주인공 창민이는 나처럼 고기만 좋아하는 통통한 편식쟁이다.
그런데 어느 날부터 배가 묵직해지더니, 변비에 걸려 화장실에 가는 게 무서워졌다.
이런 창민이에게 보건 선생님은 건강한 친구를 찾아 달라고 부탁해 창민이
스스로 골고루 먹는 것이 얼마나 중요한 일인지 깨닫게 한다.

이 책을 읽으며 무엇을 느꼈니?

음식을 왜 골고루 먹어야 하는지 알게 되어,
예전에는 무조건 먹지 않았던 채소를
조금씩이라도 먹으려고 노력하게 됐다.
또, 이제는 식사일기도 쓰고 있다.

> 줄거리는 너무 길지 않게 쓰고,
> 이야기 흐름에 따라 큰 사건으로
> 나눈 후 중심 내용만 간단하게
> 적으면 돼.

어떤 독서 감상문을 쓸까?

동시로 쓰는 독서 감상문

날짜 4월 10일 책이름 호동왕자와 낙랑공주 판타지 역사 여행

출판사 책먹는아이 글쓴이 정미자 쪽수 156쪽

자명고야 울어라!

낭랑에 스스로 소리를 내는

자명고가 있었네

나라에 위험이 닥치면

자명고가 둥둥둥 둥둥둥

낙랑공주가 호동왕자에게 속아

자명고를 찢으니

나라에 위험이 닥쳐도

자명고는 더는 울지 못하네.

> 동시에 내용을 모두 담는다는 생각보다는 책을 읽고 받은 느낌을 간결하고 리듬감 있게 적는 것이 중요하단다.

날짜 8월 6일 책이름 가방 들어 주는 아이 출판사 사계절

글쓴이 고정욱 그린이 백남원 쪽수 102쪽

장애에 대한 편견을 바꾼 고정욱 선생님

〈가방 들어 주는 아이〉라는 제목을 보았을 때는 참 착한 친구의

이야기일 거로 생각했다.

그런데 주인공 석구가 처음에는 선생님 부탁으로 어쩔 수 없이

장애를 가진 영택이를 도와주게 된다. 하지만 나중에는 진짜 좋은

친구가 되는 것을 보고 감동했다.

이 동화를 쓴 고정욱 선생님은 어렸을 때 소아마비를 앓아서

주인공 영택이처럼 걸을 수 없다고 하신다. 그래서 장애에 대한 편견을

바꾸고, 서로 좋은 친구들이 되길 바라는 마음에서 장애가 있는 친구들의

이야기를 많이 쓰신다고 한다.

선생님의 마음을 생각하며 〈아주

특별한 우리 형〉, 〈안내견, 탄실이〉도

읽어 봐야겠다.

Tip

책을 읽을 때, 내가 **작가의 입장이 되어** 읽다보면 작품을 더 깊이 이해할 수 있게 됩니다.

인터뷰로 쓰는 독서 감상문

날짜 11월 17일   책이름 똥똥아, 나와라!   출판사 파란정원

글쓴이 강효미   그린이 이창준   쪽수 112쪽

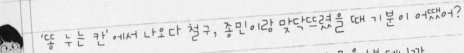

'똥 누는 칸'에서 나오다 철구, 종민이랑 맞닥뜨렸을 때 기분이 어땠어?

'헉, 큰일이다.' 했어, 분명히 내가 똥을 쌌다고 소문을 낼 테니까.

맞아, 똥 냄새를 담아 샛별이한테도 맡게 했잖아.

응, 화장실에서만 놀렸어도 괜찮았을 거야. 하필 내가 좋아하는 샛별이

앞에서 얼마나 창피했다고……

맞다! 우돌이 너 호진이에게 먹기 싫은 반찬을 먹게 하고 너무 했어?

그건 호진이에게 사과했어. 그땐 채소가 너무너무 싫었거든.

엄마표 동그랑땡을 먹고, 이젠 어때?

무조건 채소는 맛없다는 편견은 없어졌어. 채소도 먹을수록 맛있어지더라.

인터뷰 형식으로 감상문을 쓸 때는 주인공에게 궁금했던 것이나 하고 싶은 말을 중심으로 질문하듯 쓸 수 있어.

112

날짜 5월 30일 책이름 두발자전거 배우기 출판사 길벗어린이

글쓴이 고대영 그린이 김영진 쪽수 38쪽

우리, 다시 경주하자!

두발자전거 운전 면허증
(Driver's License)

성   명 : 병관이

생년월일 : 2004년 3월 25일

취 득 일 : 2012년 5월 30일

★ 친구 혁이가 줌

병관이가 두발자전거를 타기 위해서 노력하는 장면이 가장 기억에

남았다. 나도 병관이처럼 네발자전거를 타다가 두발자전거를 배울 때

너무너무 힘들었기 때문이다. 그래도 병관이가 포기하지 않고,

두발자전거를 배우게 되어서 다행이다. 상현이와 두발자전거 경주에서도

꼭 이겼으면 좋겠다.

Tip 감상문에 그림을 담을 때는

① 기억에 남는 장면을 **생동감** 있게 표현한다.
② 주인공의 **특징**을 살려 초상화로 표현한다.
③ 상장(면허증)을 그려 주인공을 **칭찬**한다.

감상을 담은 나의 독서 감상문

✏️ 최근에 읽은 기억에 남는 책을 골라 인물, 인상 깊은 장면, 기억에 남는 말과 행동으로 나누어 정리해 보세요.

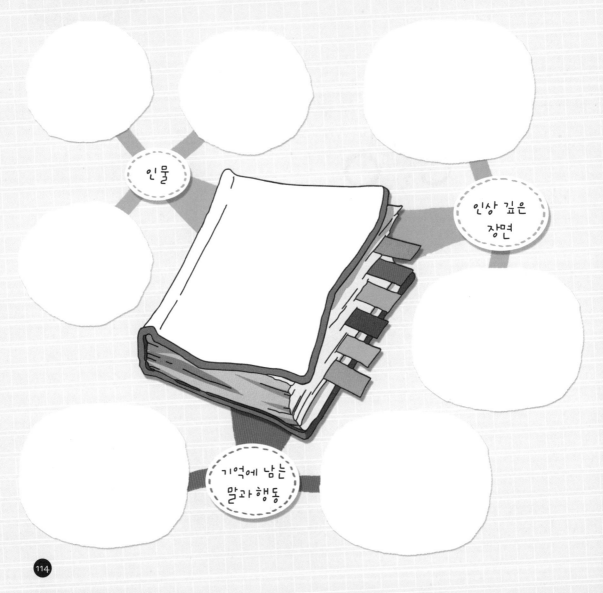

인물

인상 깊은 장면

기억에 남는 말과 행동

간추려 정리한 인물, 인상 깊은 장면, 기억에 남는 말과 행동을 바탕으로
단계에 맞추어 따라 써 보세요.

제목에 어떤 느낌을 담을까?

책을 읽은 동기와 첫인상을 써 봐!

그럼, 이제 간단하게 줄거리를 써 볼까!

이 책을 읽으며 무엇을 느꼈니?

단계를 나누어 쓴 글을 주인공에게 보내는 편지 형식 감상문으로 자세하게 써 보세요.

날짜	책이름		출판사	
			쪽수	
글쓴이	그린이			

편지 형식으로 감상문을 쓸 때는 실제 있는 사람에게 편지를 쓰듯 예의를 갖춰, 형식에 맞게 써야 한다는 걸 잊지 마!

독서 감상문의 특징을 생각하며 빈칸에 들어갈
말을 보기에서 찾아 써 보세요.

① 독서 감상문은 ☐ 을 읽고 느낀 감상을 이야기의

☐☐☐ 와 함께 다양한 형식으로 적은 글이다.

② 독서 감상문의 제목을 붙일 때는 책의 전체적인 ☐☐ 이나

감상문의 ☐☐ 을 대표할 수 있는 것이 적당하다.

③ 줄거리는 너무 ☐☐ 않게 쓰고, 이야기 흐름에 따라

☐☐☐ 으로 나눈 후 중심 내용만 간단하게 적는다.

정보를 전달하는 글쓰기

설명문

7

이거 새로 산 건데
되게 재밌어.
그래, 그런데
그냥 봐서는 잘 모르겠다.
설명서 어디에 있니?
설명서? 그게 어디 있더라…….
그냥 내가 설명해 줄게!
이건 이렇게 저렇게 하는 거야.
이제 알겠지?
아니, 전혀 모르겠어.
설명이란 상대편이 쉽게
이해할 수 있도록 객관적이고
논리적으로 해야 한다고!

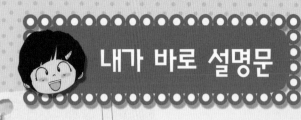

내 친구 김민아

우리 반에서 저랑 제일 친한 친구인 김민아를 소개하겠습니다.

민아와 저는 키와 체격이 비슷해 뒷모습만 보면 쌍둥이 같다는

얘기를 자주 듣습니다.

민아는 긴 머리를 하나로 묶고 다니기를 좋아하고, 운동을 좋아해

치마보다는 바지를 자주 입습니다. 또, 과목 중에는 수학을 잘해서

제가 모르는 문제도 척척 가르쳐 줍니다.

얼마 전부터 학교가 끝난 후에 피아노 학원에 다니는데,

시작한 지 얼마 되지 않아서 잘 치지는 못하지만

열심히 연습해서 피아니스트가 되고

싶다고 합니다.

설명문을 쓸 때는
먼저 **누구에게 이야기**할
것인지를 생각한 후
그 사람이 **궁금해할 내용**을
중심으로 쓰면 된단다.

소개하는 글

소개문은 읽는 사람이 잘 **알지 못했던 것을
잘 알 수 있도록 이해하기 쉽게** 설명해야 해요.

① 소개하는 목적에 맞는 대상을 찾는다.
② 소개할 내용과 특징이 잘 드러나게 쓴다.
③ 읽는 사람이 궁금해할 내용을 쓴다.

강아지 목욕시키기

강아지를 청결하게 키우기 위해서 가장 중요한 것이 목욕입니다.

보통 일주일에 한두 번 정도 목욕시키는 것이 좋으며,

너무 자주 씻기는 것은 도리어 강아지 건강에 좋지 않습니다.

또, 목욕을 시킬 때는 강아지 피부병의 원인이 될 수 있는 일반 샴푸나

비누는 사용하지 말고, 꼭 강아지용 샴푸를 사용하는 것이 좋습니다.

먼저 미지근한 물에 강아지용 샴푸를 풀어, 꼬리부터 천천히 구석구석

샴푸질을 한 후 깨끗한 물로 헹궈줍니다.

얼굴은 조심스럽게 최대한 빨리 닦아 주어야 하고, 귀에 물이

들어가지 않도록 주의해야 합니다.

목욕 후에는 드라이기를 이용해 따뜻한 바람으로 털을 말려

감기에 걸리지 않도록 조심합니다.

이 글을 읽으니, 강아지 목욕시키기에 자신이 생기는걸!

안내하는 글

안내문은 **일의 순서**나 **방법**을 설명하는 글로, **그림이나 사진**을 함께 넣어 시각화하면 읽는 사람을 좀 더 쉽게 이해시킬 수 있어요.

어떻게 짜여져 있을까?

설명문은 다른 사람에게 어떤 사실을 **있는 그대로 알려주는** 글로 소개문이나 안내문, 기사문처럼 **객관성**을 가진 글을 말합니다. 설명문은 설명할 내용을 몇 부분으로 나누어 순서에 맞게 설명하고, 중요한 부분은 자세하게 설명합니다.

처음 설명하려는 사물이나 문제를 **간단하게 소개**합니다.

가운데 단락을 나누어 **주제에 맞게 자세히 설명**합니다.

끝맺음 가운데에서 설명한 내용을 **간략하게 정리**하여 마무리 설명합니다.

일의 순서나 방법을 설명할 때는 가운데 부분에서 **단락을 나누어** 설명하면 이해가 쉬워진단다.

단락을 나누어 설명하면

❶ 순서를 한눈에 확인할 수 있다.
❷ 긴 문장보다 이해하기 쉽다.
❸ 정리가 쉬워 오랫동안 기억된다.

김치피자 만들기

김치피자 만드는 방법을 설명하겠습니다.

피자는 햄버거와 같이 우리들이 좋아하는 음식 중 하나입니다.

우리들이 좋아하는 피자와 맵다고 먹지 않는 김치로 피자를 만들겠습니다.

❶ 김치피자를 만들기 위해서는 햄, 김치, 양파, 케첩, 옥수수, 식빵, 피자치즈, 소금, 후추 등의 재료를 준비합니다.

❷ 먼저 햄, 김치, 양파를 잘게 다져 볶다가, 옥수수와 물을 조금 넣어 걸쭉해지도록 끓인 후 소금과 후추로 간을 합니다.

❸ 그리고 식빵에 볶은 소스를 바른 후 햄과 피자치즈를 올려 전자레인지에서 피자치즈가 녹을 때까지 10분 정도 돌리면 완성됩니다.

전자레인지에 오래 돌리면 피자치즈가 탈 수 있으므로, 적당히 녹는 정도로만 돌립니다.

김치
피자

어떤 순서로 쓸까?

대상 정하기

설명하고자 하는 대상이나 상황은 객관적으로 설명 가능한 것을 주제로 정합니다.

다양한 매체를 이용해 정보 수집 및 정리하기

잘 알고 있는 것이라도 다양한 매체를 이용해 객관적인 정보를 찾고, 그림, 사진, 도표처럼 시각화할 수 있는 정보도 함께 찾아 취사선택합니다.

문단의 짜임과 내용 구성하기

처음, 가운데, 끝맺음으로 나누어 들어갈 내용을 간단하게 정리한 후 단계별로 문단을 나누어 살을 붙여가며 설명합니다. 표와 그림을 활용하면 더욱 쉽게 설명할 수 있습니다.

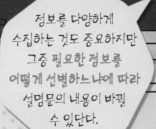

정보를 다양하게 수집하는 것도 중요하지만 그중 필요한 정보를 어떻게 선별하느냐에 따라 설명문의 내용이 바뀔 수 있단다.

대상은
어떻게 정할까?

설명문은 설명하고자 하는 대상이나 일을
객관적으로 설명해야 하므로, 무엇을 설명할
것인가가 가장 중요하며, 읽을 사람이 누구냐에 따라 궁금해하는
내용이 달라진다는 것도 잊지 말아야 합니다.

무엇을	누구에게	궁금해할 내용
친구와 다툰 일	선생님께	❶ 언제, 어디서, 누구와 무슨 일로 왜 싸웠나? ❷ 결과는 어떻게 되었는가?
컴퓨터 사용	엄마에게	❶ 무엇 때문에 써야 하나? ❷ 다른 방법은 없는가? ❸ 얼마나 사용할 것인가?
승차권 구매하기	친구에게	❶ 어디서 구매할 수 있나? ❷ 구매 순서는? ❸ 승차권 사용 후 어떻게 할까?

순서대로 따라 써 볼까!

제목 : 일회용 지하철 승차권 구매하기

처음 무엇을 설명할까?

일회용 지하철 승차권을 구매할 때는

무인 자동 승차권 판매기를 이용하면 됩니다.

가운데 어떤 순서로 설명할까?

① 승차권 판매기에서 일회용 교통카드를 선택합니다.

② 노선도를 이용해 도착역의 이름을 선택합니다.

③ 일반용과 어린이용을 구분한 후 필요한 만큼 매수를 선택합니다.

끝맺음 주의(강조)해야 할 것은 무엇인가?

일회용 승차권의 보증금을 환급받는 것도 잊지 말아야 합니다.

설명문 OX퀴즈

❶ 객관적인 사실만 씁니다.

❷ 어려운 말로 씁니다.

❸ 읽는 사람이 궁금해하는 것을 씁니다.

❹ 읽는 사람이 쉽게 이해할 수 있도록 씁니다.

❺ 주관적인 생각이나 느낌을 씁니다.

❻ 복잡한 부분은 단락을 나누어 씁니다.

❼ 순서 또는 방법을 자세하게 씁니다.

❽ 재미있게 과장하여 없었던 이야기를 씁니다.

❾ 육하원칙에 맞추어 씁니다.

설명문을 잘 쓰려면

❶ 정보를 다양하게 수집한다.

주제에 맞는 정보를 인터넷, 백과사전, 전문가 등을 통해 다양하게 수집합니다.

❷ 짧은 글로 설명한다.

상대편이 궁금해하는 것을 설명하는 글이므로 쉬운 글로 짧게 쓰는 것이 좋습니다.

❸ 비교하여 쓴다.

주제와 비슷한 것 또는 반대되는 것과 비교하면서 글을 쓰면, 주제에 대해
더 풍부하고 정확한 정보를 전달할 수 있습니다.

❹ 예를 들어 쓴다.

주제에 해당하는 다양한 예를 함께 적어 설명합니다.
여러 가지 예를 통해 주제에 대한 이해를 높일 수 있습니다.

❺ 시각 자료로 설명한다.

사진이나 그림, 도표, 그래프 등과 함께 설명하면 한눈에 정보를 알아볼 수 있어서
편리합니다.

자료 수집은 어떻게 할까?

무엇을 쓸 것인지 주제가 정해지면 다양한 정보와 자료를 수집해야 합니다. 특히, 객관적으로 인정받은 정보를 수집하여 올바른 정보를 전하는 것이 중요합니다.

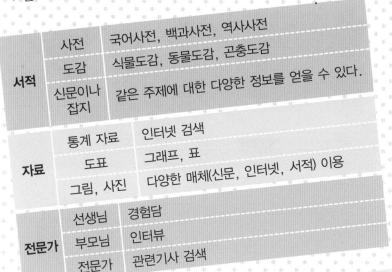

서적	사전	국어사전, 백과사전, 역사사전
	도감	식물도감, 동물도감, 곤충도감
	신문이나 잡지	같은 주제에 대한 다양한 정보를 얻을 수 있다.
자료	통계 자료	인터넷 검색
	도표	그래프, 표
	그림, 사진	다양한 매체(신문, 인터넷, 서적) 이용
전문가	선생님	경험담
	부모님	인터뷰
	전문가	관련기사 검색

Tip

자료를 수집할 때는 **큰 범위에서 시작해 점점 범위를 좁혀 가는 것**이 원하는 자료를 쉽게 찾을 수 있는 방법이에요.

육하원칙에 맞추어 쓰기

기사문과 같은 객관적인 글을 쓸 때는 육하원칙에 맞추어 사건의 줄거리를 정리하면 읽는 사람이 그 내용을 쉽고 분명하게 이해할 수 있게 됩니다.

어떤 사건을 설명할 때는 육하원칙을 기본으로 써야 해요.

육하원칙요?

'누가, 언제, 어디서, 무엇을, 어떻게, 왜' 라는 순서에 맞추어 쓰면 된단다.

육하원칙에 맞추면 사건의 내용이 한눈에 들어오겠어요.

윤진이는 지난주 토요일에 운동장에서
　누가　　　언제　　어디서

같은 반 친구들과 팀을 나눠서 축구 시합을 했어요.
　　　어떻게　　무엇을　　　　　　　왜?

'왜'가
어디갔지?

육하원칙이란?

설명문은 처음 – 가운데 – 끝맺음 세 단계로 나누어 글을 짜고, 설명하는 내용은 육하원칙 **누가, 언제, 어디서, 무엇을, 어떻게, 왜**에 맞추어 글을 씁니다.

누가(who)　관련된 사람
언제(when)　날짜와 시간
어디서(where)　장소
무엇(what)　사건 또는 대상
어떻게(how)　사건의 진행
왜(why)　이유

어떤 설명문을 쓸까?

사계절이 뚜렷한 우리나라

기후는 지역에 따라 열대, 온대, 한대로 나뉩니다. 우리나라는 봄, 여름, 가을, 겨울 사계절이 뚜렷한 온대기후입니다.

봄은 3~5월로 날씨가 따뜻해져 얼었던 땅이 풀리며, 새싹이 돋고 꽃이 핍니다.

여름은 6~8월로 날씨가 무더우며 비가 많이 옵니다. 풀과 나무들이 무성하게 자라며, 곡식과 과일이 익기 시작합니다.

가을은 9~11월로 날씨가 서늘해지며 단풍이 듭니다. 사람들은 추수하고, 동물들도 겨울나기를 준비합니다.

겨울은 12~2월로 낮 길이가 짧고 날씨가 춥습니다. 풀은 마르고, 나무는 잎을 떨어뜨린 채 겨울잠을 잡니다.

우리나라는 사계절이 뚜렷하기 때문에 따뜻하고, 무덥고, 서늘하고, 추운 것을 고루 느낄 수 있고, 자연환경이 아름다워 다른 기후 사람들이 무척 부러워합니다.

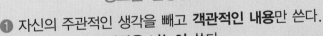

정보를 설명할 때는

❶ 자신의 주관적인 생각을 빼고 **객관적인 내용**만 쓴다.
❷ 복잡한 부분은 **단락을 나누어** 쓴다.
❸ 읽는 사람이 **쉽게 이해할 수 있도록** 쓴다.

흰둥이의 안경

지수는 혼자 집을 보고 있었습니다. 한참을 강아지 흰둥이와 놀던

지수는 이제 싫증이 나기 시작했습니다.

"이제는 나하고 놀기도 싫다고?"

흰둥이가 고개를 갸웃거리며 지수를 쳐다보고 있었습니다.

"응! 그렇게 하면 재미있겠다."

지수는 검은 물감으로 흰둥이 얼굴에 안경을 그렸습니다.

"흰둥아! 봐라, 네가 멋쟁이가 됐지?"

지수는 흰둥이에게 거울을 보여 주었습니다. 거울 속에는 안경을 쓴

강아지가 흰둥이를 노려보고 있었습니다. 흰둥이는 깜짝 놀라서

낑낑거리며 마구 발버둥쳤습니다. 그 바람에 물감이 튀어

거실은 엉망이 되었습니다.

> 이 글에서 지수가
> 강아지 얼굴에 안경을 그리게 된
> 이유와 결과에 대해 자세히 알 수
> 있어요. 이처럼 어떤 일에 대해
> 자세히 알 수 있게 쓴 글은 설명문의
> 요건과 관계없이 어떤 종류의
> 글이든 좋은 설명이라
> 할 수 있어요.

정보가 담긴 나의 설명문

✏️ 가족을 소개하는 글을 쓰려고 합니다. 누구에게 설명할지 정한 후 궁금해할 내용을 정리하여 보세요.

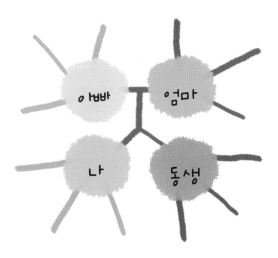

친구들이 우리 가족에 대해 무엇을 궁금해할지 생각해 보세요.

'가족' 에 대해 정리한 내용을 설명문으로 자세하게 써 보세요.

처음

가운데 **❶**

가운데 **❷**

가운데 **❸**

끝맺음

설득하는 글쓰기

논설문

8

내가 바로 논설문

군것질을 하지 말자!

하굣길에 걸어가면서 군것질을 자주 하는 친구들이 있습니다.

군것질거리는 문방구의 100원짜리 불량 식품부터 분식집의 핫도그까지

종류도 다양하고 맛도 있지만, 우리에게 해로운 점이 많습니다.

첫째, 군것질로 사 먹는 음식들은 대부분 위생적이지 않고,

나쁜 성분이 들어 있어 자주 먹으면 몸에 탈이 생길 수 있습니다.

둘째, 식사 사이에 군것질을 하면 배고픔이 사라져 영양을 골고루 갖춘

식사를 제대로 하지 못하게 됩니다.

셋째, 군것질을 자주 하다 보면 적은 돈이 모여 큰돈을 군것질로

쓰게 됩니다.

따라서, 건강에도 좋지 않고, 용돈도 낭비하게 되는 군것질은

자주 하지 말아야 합니다. 그리고 친구끼리도 서로

군것질을 하지 않도록 도와야 합니다.

이젠 나도
군것질을 줄여야겠어.
왜 군것질을 하지 말아야
하는지 정확한 이유를 들어서
고개가 끄덕여져.

꽃을 꺾지 맙시다!

예쁜 꽃은 우리의 마음을 즐겁게 합니다. 그래서 우리는 학교에서나

집에서 꽃을 심고 가꾸기도 합니다.

지난 금요일 우리 학년은 봄 소풍을 다녀왔습니다. 맑은 시냇물이 흐르고,

이름 모를 새들이 반갑게 맞아 주는 것 같아 기분이 무척 좋았습니다.

그런데 점심을 먹고 자연 관찰 시간이 되자, 아이들이 아름답게 핀

진달래를 마구 꺾기 시작했습니다. 어떤 아이는 집에 가져간다며

욕심을 내어서 꺾었습니다. 아름답게 핀 진달래는 순식간에

다 꺾어졌습니다.

그런데 아이들은 꺾은 진달래가 시들었다며 금세 길가에

마구 버렸습니다. 목이 부러진 진달래가 아프다고

우리에게 막 욕을 하는 것 같았습니다.

자연도 살아있는 생명입니다.

산이나 들에 있는 꽃이라도 함부로

꺾지 않도록 합시다.

설득을 잘하려면

주장을 할 때는 읽는 사람이 '맞아, 그렇지.' 하고 생각할 수 있는 **이유(까닭)**를 정확하게 들어야 합니다. 그래야 자신의 의견을 제대로 전달할 수 있습니다.

논설문이란 어떤 글일까?

논설문은 주장하는 글로 주장하려는 생각을 분명하게 정한 후 읽는 사람이 내 의견을 쉽게 이해하고 따를 수 있도록 쉬운 글로 표현하는 것이 좋습니다.

또한, 내 의견에 읽는 사람이 공감할 수 있도록 정확한 사실에 근거하여 알맞은 이유(까닭)를 들어 설득해야 합니다.

부탁하는 글

우리 반은 한 달에 한 번씩 짝을 바꾸고 있습니다. 일찍 오는 사람 순으로

원하는 자리에 앉는데, 좋아하는 친구와 원하는 자리에 앉기 위해서는

아침 일찍 학교에 나와야 합니다.

그래서 한 달에 한 번 짝을 바꾸는 날이 되면, 아침 일찍 서둘러

학교에 오느라 너무 피곤해서 **수업에 집중하기가 어렵습니다.**

그리고 부모님도 너무 일찍 학교에 가는 저를 **걱정하기도 합니다.**

부탁하는 이유를 객관적으로 자세하게 잘 들었구나.

그래서 선생님께 부탁을 하고 싶습니다. 일찍 오는 사람이 원하는 자리에

앉는 것이 공평한 방법이기는 하지만, **다른 짝 바꾸기 방법에 대해서 학급회를**

진행했으면 좋겠습니다. 그렇게 친구들과 함께 이야기를

부탁하는 글에도 자신의 의견이 들어 있어요.

하다 보면, 공평하면서도 더 좋은 짝 바꾸기 방법이

나올 수도 있기 때문입니다.

부탁하는 글의 조건

① 부탁을 하는 이유가 무엇인지 정확히 이야기 했나요?
② 들어줄 수 있는 부탁을 이야기하고 있나요?
③ 부탁을 받는 사람에게 예의를 갖추어 이야기하고 있나요?

어떻게 짜여져 있을까?

논설문은 주장하는 글로 이유와 근거를 들어 다른 사람도 정말 그렇겠다는 생각을 하도록 써야 합니다. 그러기 위해서는 가운데 부분에 주장의 이유와 증거를 어떻게 담느냐에 따라 설득의 힘이 달라질 수 있습니다.

논설문의 제목

문제 읽는 사람이 **관심** 있어 할 내용으로 **문제**를 보여줍니다.

제안 자신의 의견(주장)을 내어놓습니다.
까닭 **주장의 이유나 증거를 열거**하여, 자기의 생각과 의견을 구체적으로 내세웁니다.

정리 본론 내용을 정리하며 다시 한 번 자신의 **주장을 강조**하고, **실천 방법**을 씁니다.

상냥한 말로 인사 합시다!

'안녕하십니까?' '감사합니다'와 같은 말은 말하는 사람과

듣는 사람 모두에게 정이 담긴 인사말로, 나와 남을 다 같이 기쁘게

해줍니다. 그런데 이런 인사가 점점 사라지고 있습니다.

웃어른을 만나서도 말없이 고개만 까딱하거나 친구와 부딪힌 후

사과는커녕 모르는 척 지나칩니다. 인사는 예절의 기본이며,

우리의 얼굴이라고 합니다.

지금 우리의 얼굴은 어떤 모습일까요?

우리나라는 예전부터 '동방예의지국'이라 불리며, 예의를 잘 지키는

나라로 불렸습니다. 그러나 지금은 외국인 관광객들에게도

불친절한 나라로 이미지가 바뀌고 있습니다.

이제 미소 띤 얼굴로 모두를 기쁘게 해줍시다. 상냥한 인사말과

친절한 태도는 우리 본래의 모습이며 전통적인 미덕입니다.

공손한 인사 태도로 우리의 미덕을 가꾸어 나가도록 합시다.

주장에는 이유가 있다고?

주장할 때는 왜 그런 생각을 하게 되었는지에 대한 까닭 즉, **이유를 말해야 듣는 사람이 쉽게 이해할 수 있고 옳다고 인정하게 됩니다.** 때문에 주장할 때는 왜 그런 주장을 하게 되었는지에 대한 이유가 반드시 있어야 합니다.

주장 ▶ 쓰레기는 반드시 분리수거해야 한다.

이유 ▶ 분리수거를 하면 버려지는 쓰레기가 줄어든다.

주장 ▶ 일기는 매일 빠짐없이 써야 한다.

이유 ▶ 일기를 쓰며 반성의 시간을 가질 수 있다.

주장 ▶ 자연을 보호해서 지구를 살리자.

이유 ▶ 자연보호는 지구 오염을 막는다.

이유는 읽는 사람이 누구냐에 따라 수준을 달리해 예를 들어야 한단다.

자신의 주장을 더욱 강하게 하려면 그 주장에 대한 이유를 많이 내세울수록 설득력이 강해집니다. 주장에 여러 가지 이유를 내세운 후, 그 주장과 관련해 실천할 수 있는 방법을 제시하여 자기의 주장을 다시 한 번 강조하는 것이 좋습니다.

주장 ▶ 친구와 사이좋게 지내자.

이유 ▶ ❶ 친구는 나를 잘 이해한다.

❷ 심심할 때 같이 놀아준다.

❸ 어려운 일이 있을 때 도와준다.

방법 ▶ ❶ 친구의 일을 늘 이해하려고 애쓴다.

❷ 함께 어울려 즐겁게 놀아준다.

❸ 도움을 필요로 할 때는 힘껏 돕는다.

결론 ▶ 친구는 위해 주고 정답게 지내야 한다.

> 방법은 결론과 함께 주장을 강조하여, 읽는 사람으로 하여금 주장에 따라 행동할 수 있게 한단다.

순서대로 따라 써 볼까!

논설문을 쓸 때는 왜 이런 글을 쓰게 되었는지 까닭이 있어야 하고, 그 까닭을 뒷받침할만한 여러 가지 증거를 보여줘야 합니다. 그래야 다른 사람을 설득할 수 있습니다.

 주장

차례를 잘 지키는 사람이 되자!

 서론 문제

버스가 오자 사람들이 한꺼번에 몰려 서로 먼저 타려하다
부딪혀 얼굴을 찡그렸다.

 본론 제안과 까닭

❶ 차례는 생활을 편리하게 해준다.
❷ 차례는 사회를 아름답게 해준다.
❸ 차례는 일처리를 빠르게 해준다.

 결론 끝맺음

차례를 잘 지켜야 문화시민이 된다.
❶ 버스를 탈 때 차례로 탄다.
❷ 걸을 때는 교통규칙을 지킨다.
❸ 새치기를 하지 않는다.

논설문을 완성한 후에는 읽는 사람의 입장이 되어 글을 다시 읽어 보며, 이해하기 쉬운 글로 설득력 있게 쓰였는지 확인합니다.

❶ 읽는 사람을 생각하면서 썼나요?

읽는 사람이 관심 있어 할 주제였는지 다시 생각해 본다.

❷ 주장하고자 하는 것을 정확히 표현했나요?

읽는 사람이 쉽게 알 수 있게 서술하고 있는지 확인한다.

❸ 읽는 사람을 설득할 수 있도록 알맞은 까닭(이유)을 적었나요?

정확한 근거를 다양하게 제시하고 있는지 확인한다.

❹ 표현에 문제는 없나요?

적절한 표현으로 신뢰를 주고 있는지 확인한다.

❺ 보충해야 할 것이나 고쳐야 할 것은 없나요?

읽는 사람의 입장이 되어 글을 다시 읽어보고, 깔끔하게 끝맺음한다.

같은 문제, 다른 주장 살펴보기

모든 사람의 의견이
같을 수 없기 때문에, 같은 문제라도
서로 반대되는 주장의 논설문을 쓸 수 있어.
일기 검사에 대한 서로 다른 의견을
말하는 두 논설문을 읽고,
네 의견을 말해 봐.

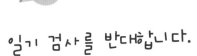

일기 검사를 반대합니다.

일주일에 한 번 일기 검사를 받기 위해서

일기를 쓰는 것은 시간 낭비처럼 느껴집니다.

관심도 없는 날씨를 적어야 하고, 오늘 한 일과 내일의 할 일을

적어야 하는 억지 숙제일 뿐입니다.

일기는 나의 하루를 돌아보면서 스스로 반성하고 생각할 기회를

줍니다. 하지만 이 일기를 선생님이 본다고 생각하면 나의 솔직한

생각을 적기가 불편할 때가 있습니다. 그리고 내 생각에 선생님이

점수를 주신다는 것도 이상한 일이라고 생각합니다.

일기를 일기답게 쓸 수 있으려면 일기 검사를 해서는 안 된다고

생각합니다.

일기 검사를 찬성합니다.

일기 검사를 하면, 게을러지려는 마음에 지지 않고, 매일 일기를 쓸 수 있도록 도와줍니다.

이렇게 매일 일기를 쓰면 문장 쓰기에 대한 자신감도 생기고, 선생님께 그 부분에 대한 지도도 받을 수 있어 좋습니다. 가끔은 일기를 통해 선생님께 상담할 수 있다는 것도 장점입니다.

일기 검사가 처음에는 솔직한 일기 쓰기에 방해가 되기도 했지만, 일기에 쓸 수 없는 나쁜 행동을 하지 말아야겠다는 마음을 갖게 해주는 데도 도움이 됩니다.

일기 검사를 하는 것이 사생활 침해와 같은 일기 쓰기의 방해 요인은 되지 않는다고 생각합니다.

어떤 논설문을 쓸까?

설득적 논설문
우리 함께하자!

아침 운동을 하자!

늦잠 때문에 학교에 지각하는 친구들이 많다. 조금만

더 자야지 하다 깜빡 잠이 들어 늦잠이 되어버리기 때문이다.

그래서 아침에는 잠을 더 자려고 하기보다는 부지런히 일어나

아침 운동 습관을 들이는 것이 어떨까?

아침 운동을 하면, 그날 계획을 머릿속으로 미리 생각하고 정리할 수

있고, 또 운동 후에는 밥맛이 돌아 맛있게 아침밥을 먹을 수 있다.

더불어 규칙적인 운동으로 몸까지 건강해진다.

그래서 하루를 늦잠으로 급하게 시작하지 말고, 아침 운동을 습관화하여

실천하자. 처음에는 힘들 수 있어도, 꾸준히 실천하여 습관이 들면 더욱

건강하고 활기찬 생활을 할 수 있을 것이다.

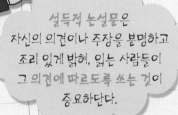

설득적 논설문은
자신의 의견이나 주장을 분명하고
조리 있게 밝혀, 읽는 사람들이
그 의견에 따르도록 쓰는 것이
중요하단다.

설득적 논설문
① 사설 : 신문·잡지사에서 시사적인
   문제에 대해 그 회사의 입장이나
   의견을 밝힌 글
② 칼럼 : 재치 있고 단편적인 시사평론
③ 연설문 : 강연이나 비판을 위해 쓴 글

옛날이야기에는 규칙이 있다!

동화를 읽다가 알게 된 규칙 중 하나는 작고 약한 주인공이 크고 강한 쪽을 이긴다는 것이다.

이솝우화 〈토끼와 거북이〉의 경주에서도 당연히 느린 거북이가 경주에 져야 하지만, 거북이는 꾸준히 포기하지 않고 경주를 해서 자만하고 낮잠을 잔 토끼를 이긴다. 또, 〈잭과 콩나무〉에서도 거대한 괴물을 잭이 꾀를 내어 콩나무를 자르면서 물리친다.

이야기 속에서 약한 사람도 성실하게 살거나 꾀를 내면 강한 상대도 이길 수 있다는 것을 보여주면서, 약하고 평범한 보통 사람들에게 힘을 주고 있는 것이다.

논증적 논설문

어떤 **일이나 문제의 옳고 그름을 밝히기 위해** 객관적인 증거를 제시하여, 논리적인 방법으로 옳고 그름을 분명하게 드러내는 논설문

① 논문 : 특수한 분야를 연구한 학술적인 글
② 평론 : 남의 이론이나 사상에 대해 비평, 평가한 글

길을 건널 때는 주위를 잘 살피자!

교통사고에 관한 기사를 읽다가 이상한 점을 발견했다. 초등학생이 유치원생보다 교통사고가 더 잦다는 것이다.

아빠께 이유를 물어보았더니, 유치원생은 보호자와 함께 다니는 경우가 대부분이고, 초등학생은 등하굣길에 친구들과 장난을 치면서 주위를 잘 살피지 않고 길을 건너기 때문이라고 말씀하셨다.

나도 건널목을 건널 때, 친구들과 이야기를 하느라고 차가 오는 것을 확인하지 않고 건널 때가 많다. 또 친구에게 사고가 날 뻔한 것을 본 적도 있다.

길을 건널 때는 꼭 건널목에서 신호가 바뀐 후 건너고, 파란 신호가 켜졌다고 해도 차가 멈춘 것을 한 번 더 확인하고 건너야겠다.

횡단 중 교통사고 어린이 사상자(2012)

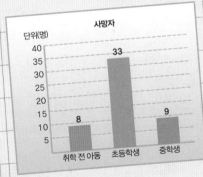

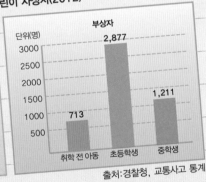

출처: 경찰청, 교통사고 통계

두 친구가 팔단 논법 게임을 하고 있습니다.

빈 곳을 채워 팔단 논법을 완성하세요.

주제 운동을 하면 우주과학이 발달한다.

 1단 운동을 하면 사람이 건강해진다.

 2단 건강해지면 사람이 오래 산다.

 3단

 4단 인구가 늘어나면 땅이 비좁아진다.

 5단 땅이 좁아지면 새 땅을 찾는다.

 6단

 7단 사람들은 우주로 나가려고 한다.

 8단 그래서 우주과학이 발달 된다.

 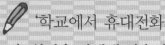

주장이 담긴 나의 논설문

✏️ '학교에서 휴대전화기를 아침에 걷어야 하는가?' 에 대한 내 의견을 정한 후 의견을 단계에 맞추어 간단하게 정리해 보세요.

 주장

 서론 문제

 본론 제안과 까닭

 결론 끝맺음

✏️ '학교에서 휴대전화기를 아침에 걷어야 하는가?' 에 대해 정리한
내용을 논설문으로 자세하게 써 보세요.

대한민국
글쓰기
교과서

2013년 1월 10일 초판 1쇄 발행 | 2013년 1월 5일 초판 1쇄 인쇄

글 김종상 | 그림 상 명

펴낸이 정태선
기획·편집 안경란·이소영 | 디자인 고정자·이상명 | 마케팅 김현우

펴낸곳 파란정원 | 출판등록 제395-2010-000070호
주소 서울시 서대문구 홍제동 90-15 2층 | 전화 02-6925-1628 | 팩스 02-723-1629
전자우편 eatingbooks@naver.com
종이 진영지업 | 인쇄 조일문화인쇄사 | 제본 경문제책사

ⓒ김종상 2013
ISBN 978-89-94813-31-8 63710